AF870464

novum premium

EVA-MARIA BRÜCKER

MITEINANDER INS *goldene* ZEITALTER

Die Welt nach 2020

novum premium

Dieses Buch ist auch als
e-book
erhältlich.

www.novumverlag.com

Bibliografische Information
der Deutschen Nationalbibliothek:

Die Deutsche Nationalbibliothek
verzeichnet diese Publikation in
der Deutschen Nationalbibliografie.
Detaillierte bibliografische Daten
sind im Internet über
http://www.d-nb.de abrufbar.

Alle Rechte der Verbreitung,
auch durch Film, Funk und Fernsehen,
fotomechanische Wiedergabe,
Tonträger, elektronische Datenträger
und auszugsweisen Nachdruck,
sind vorbehalten.

© 2021 novum Verlag

ISBN 978-3-903861-06-0
Lektorat: Thomas Schwentenwein
Umschlagfoto:
Conceptcafe | Dreamstime.com
Umschlaggestaltung, Layout & Satz:
novum Verlag
Autorenfoto: Eva-Maria Brücker

Gedruckt in der Europäischen Union
auf umweltfreundlichem, chlor- und
säurefrei gebleichtem Papier.

www.novumverlag.com

Prolog

Liebe trümmert Felsen nieder. Zaubert Paradiese hin.
Schaffet Erd und Himmel wieder
Göttlich, wie im Anbeginn.
Friedrich Hölderlin (1770–1843)

Dieses Buch erzählt im ersten Teil von den verschiedenen Zeitepochen der Weltgeschichte und von den Menschen, welche sie geprägt haben. Der zweite Teil des Buches ist der praktischen Therapie-Arbeit gewidmet. Es sind innere Reisen, Zielaufstellungen und Erkenntnisse aus Rückführungen, welche Möglichkeiten zur tiefen Auflösung eines belastenden Lebensthemas bieten. Das Ziel ist dabei immer, sich selbst zu erkennen, zu durchschauen und anzunehmen. Aus diesem Erkennen erwächst Verständnis dafür, wie sehr wir uns gegenseitig brauchen, um Liebe in Verbundenheit zu entwickeln. Beziehungen sind ein Spiegel unseres eigenen Innenlebens.

Die Erde war ursprünglich ein wundervoller, intakter Ort. Ihre Unversehrtheit wurde im Laufe der Zeit immer mehr zerstört.

In diesem Buch zeige ich Ansätze auf, die eine Erklärung für diesen Prozess der Zerstörung, aber auch für einen Neuanfang geben können.

Die grossen, aktuellen Konflikte spielen sich nicht nur im Bereich der persönlichen Beziehungen, sondern auch im kollektiven und universalen Zusammenhang ab.

Viele Menschen sind fasziniert von Filmen und Büchern aus der *Science-Fiction* Szene. Die Erde scheint tatsächlich ein Ort zu sein, wo solche Geschichten stattfinden. Das Universum wird schon seit Jahrhunderten von mehrheitlich amerikanischen und russischen Wissenschaftlern nicht nur beobachtet, sondern auch mittels modernster Technik der Weltraumforschung, immer mehr erobert. Eroberungen haben selten einen friedlichen Hintergrund. Sie beinhalten das Eindringen in fremdes Territorium und damit Kampf und Auseinandersetzung. Star Wars (Sternenkriege) wurden mit der Regentschaft des amerikanischen Präsidenten Ronald Reagan zur Realität. Sein Plan war es, einen Waffengürtel im Weltraum zu installieren um Interkontinentalraketen abzuschiessen.

Auch der amtierende Amerikanische Präsident, Donald Trump, hat grosse Pläne mit seiner Space Force Strategie. Am 26. März des Jahres 2020 startete die erste Atlas-V Rakete von Cap Canaveral in den Weltraum.

Nach dem zweiten, hermetischen Gesetz, welches das Resonanzprinzip: *„wie oben so unten, wie unten so oben"*, beschreibt, liegt es nahe, dass nicht nur wir von der Erde aus die planetaren Grenzen überschreiten, sondern dass auch unser Heimatplanet unter ausserirdischem Einfluss steht.

Im goldenen Zeitalter, das gerade anbricht, entstehen ganz neue Möglichkeiten eines friedvollen Miteinanders.

BUCH TEIL 1

Ich bin ein Kind der *FlowerPower-Zeit*. 1968 war ich 11 Jahre alt. Damals hatte ich oft das Gefühl, fremd zu sein auf dieser Erde. Mein Interesse galt schon immer den unsichtbaren, unbekannten Sphären. Im Laufe der Zeit kristallisierte sich für mich ein grosser Bezug zu dem Siebengestirn, den Plejaden heraus. Die Erde ist kosmologisch gesehen bunt. Die Plejadier haben ein großes Interesse an einer positiven Veränderung auf dem Planeten Erde. Sie sind karmisch an den Aufstieg unseres Planeten gebunden, da sie in der Zeit von Atlantis und danach, nicht nur auf positive Weise, Einfluss auf die Erde genommen haben. Für mich ist es sehr interessant zu erleben, dass meine eigenen persönlichen Prozesse immer an die des Kollektivs gebunden waren. So gab ich es auf, zu erforschen, auf welche Seite ein Ereignis gehört. Ich akzeptiere damit, dass Mikrokosmos und Makrokosmos untrennbar verbunden sind. Wir alle sind eingebunden in die kollektiven Prozesse, das *Ich* und das *Wir* sind nicht getrennt voneinander. Darüber hinaus ist auch unser Heimatplanet Erde Teil eines großen galaktischen Systems, das miteinander interagiert.

Zur Zeit meiner Jugend herrschte eine große Aufbruchsstimmung. In der Rückschau scheint es mir, als hätte das neue Zeitalter damals zum ersten Mal an die Türe geklopft. Die Ahnung davon, dass es eine Welt des Miteinanders geben könnte, regte sich bei den jungen Menschen dieser Generation.

Gemeinsam in Liebe und Freiheit wollten sie leben, ohne die alten Normen und einschränkenden Wertvorstellungen ihrer Eltern, die politisch und wirtschaftlich mit ganz anderen Themen beschäftigt waren. Ein unbegrenztes Leben unter freiem Himmel mit neuen Modestilen und offen gelebter Sexualität war ihr Ziel.

Die jungen Menschen von damals fanden sich zusammen, bildeten Gruppen und begannen in Kommunen zu leben. Es war eine sehr kommunikative Zeit. Nächtelang wurde diskutiert und philosophiert. Es waren Gespräche über den Sinn des Lebens, über die Liebe und die Frage, was die Welt zusammenhält. Die Jungen forderten mehr Toleranz, Freiheit und Selbstbestimmung. Der Ansatz war genial und wies auf etwas Zukünftiges hin, auf ein goldenes Zeitalter des Miteinanders, der Liebe und des Friedens.

In dieser Zeit der Öffnung gelangten auch immer mehr Drogen in Umlauf. Ganz unbemerkt, kamen damit viele, vor allem junge Menschen in eine neue Abhängigkeit. Ihre Begeisterung und ihre Zukunftspläne für eine neue Welt schliefen damit ein. Für jede heranwachsende Generation gibt es Fallen, die die freie Entfaltung behindern. Diese Fallen sind hochwirksam. Sie wirken wie eine Art Filter. Nur einzelne, starke Persönlichkeiten, lassen sich von ihnen nicht gefangen nehmen oder schaffen es, sich später aus eigener Kraft wieder daraus zu befreien.

Mit den Drogen wurde der Grundstein für einen weitreichenden Einsatz von psychoaktiven Substanzen gelegt. Diese Stoffe bedeuten einen schwerwiegenden Eingriff in die hirnorganischen Funktionen. Sie wurden immer beliebter und in zunehmenden Mengen den Menschen jeder Altersgruppe verschrieben. Der Konsum von Psychopharmaka wurde gezielt gefördert. Serotonin-Wiederaufnahme-Hemmer, Tranquilizer und Neuroleptika füllten fortan die Kassen der Ärzte und Pharmafirmen.

Diese Medikation machte auch vor den Kindern nicht halt. Bereits kleine Kinder bekamen und bekommen Ritalin, ein Medikament aus der Amphetamingruppe. Öffentliche Institutionen wie Schulen und Betreuungsstätten unterstützen die Anwendung solcher Medikamente.

Emanzipation

In den 1950er Jahren geschahen aus gesellschaftlicher Sicht die größten Veränderungen in Bezug auf Familie, Elternschaft und Partnerschaft, die man sich überhaupt vorstellen kann.

Die Vormachtstellung des Mannes begann zu bröckeln. Schon während des 2. Weltkrieges und in der Zeit danach veränderte sich die Dynamik der Beziehung zwischen Mann und Frau. Mit Ausbruch des Krieges wurden ganz neue Anforderungen an die Frauen und Mütter gestellt. Der Ehemann und Vater war weg und die Frauen hatten nicht nur die Aufgabe die Kinder zu versorgen, sondern mussten darüber hinaus auch das materielle Überleben der Familie sichern. Es war eine große Doppelbelastung, welche die Frauen aus ihrer gewohnten Rolle hinauskatapultierte. Sie übernahmen weitreichende Verantwortung und schafften sich damit einen neuen Status innerhalb der Familie und Gesellschaft.

Frauen begannen sich zu emanzipieren. Der Begriff Emanzipation, lat. „emancipare", stammt aus der Zeit des römischen Patriarchats und bedeutet, einen Sohn bzw. einen Sklaven aus der väterlichen Gewalt in die Selbständigkeit zu entlassen.

Die Frauen wurden also mündig und zunehmend selbstbestimmt. Die Interpretation dieses „emancipare" wurde nachfolgend vielfältig ausgelegt und dazu benutzt, um einen Keil zwischen die Geschlechter zu treiben.

Mit der neuen Freiheit der Frauen, begann ein Territorialkampf zwischen Mann und Frau. Die Chance für ein Miteinander, statt Gegeneinander, wurde vorerst verpasst. Es brauchte noch ein paar Generationen, bis das neue Miteinander in greifbare Nähe rückte.

Emanzipierte Frauen distanzieren sich innerlich vom Frausein, paradoxerweise verlangen sie mit der Emanzipation mehr Achtung für die Frau. Das ist eine tiefe Spaltung. Für sie wird es zunehmend schwierig, den passenden Mann, mit dem sie eine Liebesbeziehung eingehen können, zu finden, weil sie selbst den aktiven Part des Mannes leben. Sie versuchen das männliche Element mit einer übergroßen eigenen Männlichkeit zu bekämpfen. Damit zeigt sich auch bei ihnen der Autoritätskonflikt, den sie mit Gott oder, anders gesagt, mit der männlichen Urkraft haben.

Bei den Erfahrungen dieser Frauen zieht sich oft ein Vaterproblem – wie ein roter Faden – durch ihr Leben und durch die Geschichte ihrer Ahnen. Insbesondere die weiblichen Vorfahren hatten zu früheren Zeiten nicht das gesellschaftliche Umfeld, um sich gegen die Dominanz oder Übergriffe eines Vaters, Großvaters oder Partners zu wehren.

Diese Ohnmacht, der Groll und der Hass sind im *morphischen Feld* der Nachkommen gespeichert. Die sogenannte emanzipierte Frau hat es sich zur Aufgabe gemacht, „es den Männern jetzt zu zeigen". Sie will die Tragödie ihrer Vorfahren rächen. Dieselben Mechanismen gelten auch für Männer, wenn sie entsprechende Vorgeschichten mit Frauen in ihrer Ursprungsfamilie haben. Sofern sie ihre Mütter als dominant, übergriffig, schwach oder manipulativ erlebt haben, gibt es auch in ihnen einen tiefen Widerstand gegen das weibliche Prinzip.

In ihren Primärbeziehungen ziehen Frauen wie Männer praktisch ausnahmslos Partner an, welche die erlebten Vater- oder Mutterkonflikte nochmals spiegeln.

Partnerbeziehungen bilden das wirksamste Umfeld, um unbewusste, schmerzhafte Prägungen zu erkennen und zu heilen. In einer gelebten Partnerschaft liegt der Schlüssel zur gegenseitigen Heilung. Diese setzt voraus, dass sich die Partner zu 100% einlassen. Außenbeziehungen sind Ablenkungen und ein Versuch, diesem tiefen Prozess zu entrinnen. In der tiefenpsychologischen Analyse zeigt sich deutlich, dass Probleme der Gegenwartsfamilie ihren Ursprung in Erfahrungen aus der Ursprungsfamilie haben.

Spätestens wenn Kinder geboren werden, geht das ungelöste Thema in die nächste Runde. Kinder sind die reinsten Spiegel, die das Leben einsetzt, uns zu Erkenntnissen und Einsichten zu verhelfen. Mit ihnen wird es verbindlich und anders als in einem Leben als Single, kann man sie nicht einfach austauschen und sich von der Verantwortung befreien.

In der entwicklungsgeschichtlichen Frage, wie Männer und Frauen konstruktiv miteinander umgehen können, gibt es kein bewährtes Rezept. Es handelt sich immer um Geschichten von Besitzanspruch, Macht, Geld, Unterdrückung, Abhängigkeit, Dominanz, Unterwerfung, gegenseitiger Ausbeutung und emotionaler Manipulation.

Paradoxerweise ist in dieser größten Trennung die totale Heilung möglich. Wie soll das gehen? Wenn die eine Seite im Himmel ist und die andere Seite auf der Erde, gibt es die Möglichkeit, eine Brücke zu bauen. Damit wird der Himmel sozusagen auf die Erde gebracht. Die Sonne, das männliche Prinzip, wärmt dann die Erde, das weibliche Prinzip. Die Erde wird fruchtbar. Es ist die Hinwendung zueinander, welche das Wasser, die Gefühle, ins Fließen bringt. Das Zauberwort heißt also Hinwendung anstelle von Ablehnung, Verurteilung und Machtkampf. Dieser Kampf zwischen Matriarchat und Patriarchat der in jeder Seele beheimatet ist, hat in allen Zeitepochen weltweit zu Kriegen, und Zerstörung geführt.

Morphische Felder

Es bestehen unzählige energetische Felder, die sich durch eine Ansammlung gleichschwingender Energie formieren. In ihnen bündeln sich definierte Themen wie Angst, Manipulation, Verhaltensweisen, Machtspiele, Krieg und kollektive Erfahrungen.

Es gibt natürlich auch positive morphische Felder, die aus Energien von Freude, Liebe, Frieden, Vertrauen und gegenseitiger Achtung geschaffen sind.

Genauso wie dunkle, negative Felder durch entsprechende Resonanzenergie verfestigt und erweitert werden, dehnen sich auch positive, lichtvolle Felder aus, wenn sie entsprechende Nahrung bekommen.

Diese Felder sind unsichtbar für das menschliche Auge, sie sind spürbar und haben eine prägende Wirkung. Die eingespeiste Energie der Gedanken und Handlungen formt ein entsprechendes Feld. Je mehr Energie einfließt, desto größer wird das Feld. Je größer das Feld wird, umso machtvoller wirkt es.

Im Gegensatz zum Kollektiven Unterbewusstsein, in dem alles in einem riesigen Pool gespeichert ist, sind die einzelnen Felder mit einem bestimmten Thema gespeist. Sie wirken auf das individuelle und auf das kollektive Bewusstsein ein. Jeder Gedanke, der in Resonanz mit dem jeweiligen Feld ist, gibt Energie hinein und macht es stärker. Das Feld seinerseits verstärkt die entsprechenden Gefühle und Überzeugungen bei den einzelnen Individuen und im Kollektiv.

Sobald eine innere Resonanz zum Thema des entsprechenden morphischen Feldes besteht, bildet sich eine Verbindung und eine Interaktion. Beide Teile, das Feld und die entsprechende Resonanz, laden sich somit gegenseitig auf.

Morphische Felder entfalten ihre Wirkung auf unbewusster und unsichtbarer Ebene.

Das größte morphische Feld ist das Feld der Angst. Diese Angst ist überall und allgegenwärtig. Wenn du dich aus diesem Feld lösen möchtest, gibt es nur eine Devise: *Alles ist besser als Angst.* Das ist der Beginn eines neuen Lebens, indem du dich der Angst – per bewusster Entscheidung – nicht mehr zur Verfügung stellst.

Das klingt sehr einfach und ist es auch. Du bist aber nicht gewohnt, dass es einfach ist, weil du die Erfahrungen deiner Vorfahren gespeichert hast, für die das Leben kompliziert, bedrohlich, unsicher und ungerecht war. Aus diesen Erfahrungen wachsen Überzeugungen gegen das Leben, die energetisch weitergegeben werden. Mit jeder Generation wächst die Möglichkeit, solche Begrenzungen zu überwinden.

Urvölker arbeiten damit, Seelenanteile zu integrieren oder sie dorthin zurück zu geben, wo sie herkommen. Diese schamanischen Techniken werden inzwischen auf der ganzen Welt praktiziert.

In der Systemischen Aufstellungsarbeit wird der Zugang zu den morphischen Feldern genutzt, um Informationen zu bekommen, die dann zur Lösung eines Problems bei den Teilnehmern eingesetzt werden. Interessanterweise sind Themen, welche von einer Person gewählt werden, um ihre Geschichte aufzustellen, immer auch in der Gruppe vorhanden. Diese Felder arbeiten hoch präzise und erspüren die Resonanz schon bei der Planung eines solchen Anlasses. Im Verlaufe einer Aufstellung wächst die Erkenntnis unter den Teilnehmern, dass wir alle eins sind und im selben Boot sitzen. Einer für alle, alle für einen.

Der Begriff des Morphischen Feldes wurde vom Naturwissenschaftler Rupert Sheldrake geprägt. Sheldrake wurde am 28. Juni 1942 in England geboren. 1967 promovierte er in Biochemie und wurde Forschungsleiter für Biochemie und Zellbiologie. Später studierte er an der Harvard University das Fach Philosophie.

Nach seinem Studium, reiste er für sechs Jahre durch Hyderabad in Südindien, wo er biochemische Studien an tropischen Gemüsepflanzen durchführte.

Hier kam er in Kontakt mit einem ansässigen, englischen Benediktinermönch, der ihn in die Lehre der transzendentalen

Meditation einführte. Sheldrake lebte dann selbst für eineinhalb Jahre in einem kleinen Ashram, wo er auch begann, erste Bücher über die Natur und deren innewohnendes Gedächtnis zu schreiben.

Rupert Sheldrake war nach Carl Gustav Jung ein weiterer Wissenschaftler, der sich mit dem Thema eines kollektiven und übergeordneten Feldes befasste. Dieses Feld siedelte er in den luftig spirituellen Bereichen an. Seine Ausführungen sind sehr interessant und bahnbrechend. Sie bedeuten allerdings auch eine große Herausforderung für die bestehenden Dogmen der Naturwissenschaft.

In der westlichen Naturwissenschaft gilt nach wie die Überzeugung, dass etwas, das man nicht messen und nicht sehen kann, auch nicht existiert. Diese Begrenzungen werden durch die Entwicklung in der Quantenphysik immer mehr aufgesprengt. Weltweit findet eine enorme Erweiterung in die Sphären der unsichtbaren Ebenen statt. Interessanterweise gilt dies nicht nur für psychologische Modelle, sondern auch für alles, das mit Technik, Elektronik und Physik zu tun hat. Die Schulmedizin und die angestammten Wissenschaften tun sich derweil noch schwer mit dieser Erweiterung. Es findet ein aktiver Kampf dagegen statt, der aber immer weniger Menschen überzeugen kann, weil die Erfahrung, die jeder Mensch aufgrund der Freisetzung neuer DNS-Strukturen macht, Informationen aus diesen unsichtbaren Feldern abrufen kann.

Über die sichtbaren Auswirkungen, welche tatsächlich einen Beweis für diese Theorie liefern können, berichtet die Geschichte vom „hundertsten Affen", die von der herkömmlichen Wissenschaft verständlicherweise als Mythos abgetan wird.

Im Jahr 1958 beobachteten japanische Wissenschaftler auf einer abgeschiedenen Insel eine Gruppe von Affen. Sie begannen, den Tieren Bananen als Futter zu geben. Nach kurzer Zeit konnten sie beobachten, wie die Affen die Bananen vor dem Verzehr zu schälen begannen. Später soll dieses neue Essverhalten auf ganz verschiedenen Teilen der Erde von Affen praktiziert worden sein.

In der ursprünglich beobachteten Affengruppe ist das Verhalten auf die ganze Population übergegangen, nachdem eine größere Anzahl der Tiere mit diesem Verzehrmodus angefangen hat.

Ähnliche Phänomene sind immer wieder beobachtet worden. Das Penicillin wurde fast zeitgleich in verschiedenen Forschungslabors als erstes wirksames Mittel gegen Infektionen entdeckt. Erfindungen und Entdeckungen werden oft so zeitnah gemacht, dass sie nicht mehr genau zugeordnet werden können.

Aus Sicht der Einheitlichkeit ist der menschlich persönliche Weg immer auch mit dem des Kollektivs verbunden.

Der Arzt, Psychologe und Mystiker Carl Gustav Jung wurde, fast hundert Jahre vor Sheldrake, am 26. Juli 1875 in eine Pfarrersfamilie in Kesswil (Schweiz) geboren.

Schon als Kind machte er aufgrund seiner außersinnlichen Fähigkeit in seinem Umfeld Bekanntschaft mit unerklärlichen, parapsychologischen Phänomenen, die ihn sehr beindruckten. Seine Begabung der medialen, hellsichtigen Wahrnehmung war für ihn als Kind schwierig, löste sie doch lähmende Ängste aus, über die er kaum mit jemandem sprechen konnte.

Es war aber nicht nur die Angst, die ihn begleitete. In Gustav wuchs zugleich eine große Faszination für okkulte Phänomene heran. Die Überzeugung, dass es die Existenz einer unsichtbaren und doch sehr einflussreichen Welt gibt, bildete später den Grundstein für seinen neuen Ansatz der psychologischen Analyse, in seiner Tätigkeit als Psychologe und Psychiater.

Ab 1895 studierte Jung Medizin an der Universität Basel. Seinen Fokus richtete er stark auf Spiritualität und Philosophie und wählte in seinem Studium die Fachrichtung Psychiatrie.

Im Verlaufe seines Studiums nahm Jung Kontakt zu dem am 6. Mai 1856 in Freiberg (Mähren), dem heutigen Tschechien, geborenen Sigmund Freud auf.

Dieser galt zu seiner Zeit als Koryphäe, also ein Mensch mit hervorragendem Können auf seinem Gebiet, und Begründer der modernen Psychoanalyse. Freuds Spezialgebiet waren die Traumdeutung und die Hypnose, welche er auch mit chemischen Mitteln herbeiführte. Freud war der Überzeugung, dass das Leben auf drei wichtigen Grundpfeilern aufgebaut ist, Dabei handelt sich um den Selbsterhaltungstrieb, die Sexualität und den Todestrieb. Für seine Analysen und Traumdeutungen stützte er sich vornehmlich auf die, von ihm begründete, Sexualtherapie.

Die Freundschaft zwischen Jung und Freud dauerte etwa sieben Jahre und endete in einem Desaster. Freud wollte seinen Kollegen Jung zum Komplizen seiner politischen und fachlichen Arbeit machen. Gegen diese Instrumentalisierung wehrte sich C. Gustav Jung vehement. Er konnte sich immer weniger mit den Ansichten von Freud identifizieren. Der Bruch zwischen den beiden Psychologen war radikal wie ein Erdbeben und fand unter den Augen der Öffentlichkeit statt.

Carl Gustav Jung war ein Kosmopolit. Ihn faszinierten unterschiedliche Kulturen und er unternahm Reisen in ferne Länder. Er führte unter anderem Völkerstudien in Indien, bei den Pueblo-Indianern und bei den Eingeborenenstämmen von Nord- bis Ostafrika durch. Anlässlich dieser Begegnungen mit Menschen aus fremden Kulturen, lernte er auch viel über deren Spiritualität, über Schamanismus und alternative Heilmethoden kennen.

Diese Erfahrungen ergänzten und bereicherten seine Studien der westlichen Medizin und Psychologie in großem Ausmaß. Er sammelte auch neue Informationen zu Geistesstörungen im Allgemeinen und auf dem weitläufigen Gebiet der „energetischen Besetzungen". Hier schloss sich für ihn der Kreis zu jenen Erfahrungen mit Geistern, die er in seiner Kindheit gemacht hatte.

Jungs großes Geschenk an die Menschheit ist seine Beschreibung dessen, was er als *das kollektive Unterbewusstsein* bezeichnet. Seiner Meinung nach gibt es einen großen Pool, ausgedehnt wie ein riesiges Meer, in dem alle kollektiven Erfahrungen, Gefühle, Ereignisse, Verhaltensweisen und Prägungen der Vorfahren – im Sinne aller Wesen, die jemals inkarniert waren – gespeichert sind.

Aus diesem Erfahrungsspeicher entstanden auch die Mythen und Sagen der verschiedenen Kulturen. Die westliche Psychologie stützt sich in ihrer Entstehung stark auf die Mythologie.

Die facettenreiche und eindrücklich dokumentierte griechische Mythologie bildet für C.G. Jung den Grundstein für seine

Archetypenlehre. Deren Ausgangsstruktur vermutete Jung ebenfalls im kollektiven Unterbewusstsein. Bereits in seiner Dissertation, die er 1902 einreichte, beschreibt er die 12 Hauptarchetypen, die sich nach einem vorgegebenen Weg entwickeln würden. Er vernetzte die Archetypen mit verschiedensten Wissensgebieten, wie der Traum- und Symboldeutung, der Psychologie und den Weisheiten der verschiedenen Hochkulturen.

C.G. Jung war ein unglaublich kreativer Wissenschaftler, Therapeut und Autor. Er selbst besaß die Gabe, ganz tief in die verschiedenen Bewusstseinsebenen einzutauchen und darin Antworten auf die essenziellen Fragen der menschlichen Existenz zu finden. Innerhalb dieser unterschiedlichen Sphären hat er für die Menschen wundervolle Brücken gebaut, die alles mit allem in Verbindung bringen.

Lernplanet

Die Erde ist ein Lernplanet. Im Gegensatz zu der ursprünglichen Schönheit und Fruchtbarkeit dieses Planeten steht die menschgemachte Ausbeutung und Zerstörung. Der menschliche Geist scheint in einem furchtbaren Mangel zu sein. Genug ist ihm nie genug, er braucht mehr und mehr, um den Schmerz zu kompensieren, der aus dem Verlust des Paradieses entstanden ist.

Es gibt keine andere Spezies, die ihre eigene Lebensgrundlage zerstört. Am tiefsten Punkt dieser Muster des Mangels, welche meist über Generationen bestehen und dadurch immer mehr verstärkt werden, ist eine tiefe Anklage und ein Misstrauen dem Leben gegenüber. Diese Anklage versetzt dich in Pessimismus, Selbstablehnung und in eine Opferhaltung. Dabei entstehen in dir Überzeugungen wie etwa „das Leben ist ungerecht, gefährlich und generell gegen mich." Damit greifst du das Leben, dein Leben, an. Entsprechend deiner eigenen Vorstellungen und Überzeugungen, kann sich das Leben damit gar nicht anders zeigen als so, wie du es in deinen Gedanken kreierst.

Ich werde später in diesem Buch die Stufen beschreiben, welche immer tiefer in die Dichte der Materie geführt haben. Eine Rückkehr ist erst auf der letzten Stufe möglich, im Sinne von: „dort, wo die Nacht am Dunkelsten ist, ist der neue Tag am nächsten."

Es gibt verschiedene Theorien, weshalb eine Seele überhaupt auf die Idee kommen kann, sich in einen materiellen Körper zu inkarnieren. Vielleicht ist es ein bewusst kreativer Akt. Deine Seele hat entschieden, ein Bild zu malen. Mit jeder Inkarnation kommt ein neuer Teil des ganzen Gemäldes dazu. Dabei wirst du die höchsten Höhen und die tiefsten Tiefen erleben. Normalerweise heißt es ja, wer A sagt, muss nicht unbedingt B sagen. Bei dem Abenteuer, sich in die materielle Erfahrung zu begeben, ist es anders. Die Seele begibt sich aus der göttlichen

Einheit, sie trennt sich. Damit wird sie fortan in neuen Dimensionen leben. Das sind im menschlichen Leben die Ebenen der Körperlichkeit, der Emotionen, des Verstandes und der Spiritualität. Sie wird all diese Ebenen erforschen, um sie miteinander in Einklang zu bringen. Der Weg zur Rückkehr in die Einheit ist damit geebnet.

Seelen, welche viele Erfahrungen in unterschiedlichen Inkarnationen gemacht haben, stehen mit der Annahme der Materie und mit der Herausforderung, sich bedingungslos auf die irdischen Bedingungen einzulassen, vor ihrer Abschlussprüfung.

Wenn sie diese Herausforderung meistern, werden sie zum Verbindungsglied zwischen Vater Himmel und Mutter Erde. Sie verbinden damit die beiden Pole und haben die Dualität überwunden. Das geöffnete, liebende Herz ist der Schnittpunkt zwischen oben und unten und somit zwischen Himmel und Erde. Damit erfüllt es sich, dass der Schöpfer seine Schöpfung erfahren kann.

Ein Mensch, der diese Verbindung zwischen Himmel und Erde voll integriert hat, bekommt das Geschenk, aus beiden Quellen zu schöpfen. Wie ein Baum der mit seiner Krone weit in die Höhe reicht, ist er an die höhere Inspiration und innere Führung angeschlossen. Mit seinen Wurzeln holt er sich die Kraft aus der Erde, die ihm hilft, seinen Körper gesund zu erhalten und seinen Lebensplan umzusetzen. Damit reift er in seine eigene Schöpferkraft.

Auf diesem Pfad in die Ganzheit gibt es kein Zurück auf halbem Weg. Wenn du die nährenden, inspirierenden Quellen entdeckt hast, wird es einfach. Stärkende, führende Vaterenergie bekommst du über deine Verbindung zum Himmel, zum Ursprung deines Lichts. Mutterenergie bekommst du aus der gefestigten Verbindung zu deinen Wurzeln. Zu diesen Wurzeln kannst nur du alleine *JA* sagen. Dieses Ja ist die Annahme der menschlichen Inkarnation, zu der deine Seele bereit sein muss. Es geht also darum, diese Kräfte zu suchen und Hindernisse aufzuspüren und aufzulösen, damit du in die Heilung mit deinen eigenen männlichen und weiblichen Aspekten kommst.

Deine Eltern bieten dir themenmäßig genau das Umfeld, welches deine Seele braucht, um diese Entwicklungsschritte zu machen, die du dir für dieses Leben vorgenommen hast. Durch deine Geburt in eine ganz bestimmte Familie, bist du immer auch mit deinen Vorfahren verbunden. Damit bekommt dein Leben eine größere Relation. In der schamanischen Lehre heißt es, dass alles, was du auflösen und in Heilung bringen kannst, sieben Generationen zurück und sieben Generationen in die Zukunft gehend, gelöst wird. Das betreffende Thema ist damit neutralisiert und wirkt nicht mehr in deinem System.

Die Reise

Lass uns gemeinsam auf eine Reise gehen!

Stell dir vor, du machst eine Reise und beschließt, aus den Bergen in die Stadt zu fahren. Du fährst von Chur, der Hauptstadt des Kantons Graubünden, nach Zürich, in die Finanzmetropole der Schweiz. Die Reise führt dich durch verschiedene Landschaften, die du betrachtest und die sich in dir einprägen. Dann kommst du in Zürich an. Es ist ein Endbahnhof. Du siehst die grauen Mauern, du spürst den Stress und die Hektik der Menschen an diesem Ort. Es ist laut und verwirrend und du sitzt immer noch in deinem Wagon. Du hast keine Lust auszusteigen. Die Welt, die du siehst, gefällt dir nicht und du bereust es, dein schönes Haus in den Bergen verlassen zu haben.

Du möchtest nur noch eines: zurück in die Heimat. Dahin, wo deine Familie ist und wo du glücklich warst.

Eine Rückfahrkarte zu organisieren ist der einfachste Weg, wieder nach Hause zu gelangen. Um zurück zu fahren, musst du jedoch aus dem Wagon aussteigen. Du musst das Bahngleis wechseln.

Irgendwann wird dir klar, dass du nicht mehr in deinem Wagon sitzen magst und du steigst aus. Du bist jetzt mitten in dieser grauen, unwirtlichen Stadt, mit ihren schweren Energien. Sie macht dich total müde. Du hast großen Hunger und brauchst etwas zum Essen. Es gibt Fast-Food Stände, hier geht es schnell und du bekommst rasch etwas das deinen Hunger stillt. Diese Nahrung, ist anders, als du es gewöhnt bist. Sie ist nicht belebend und naturbelassen. Dein Hungergefühl ist jetzt zwar weg, doch du fühlst dich nicht wirklich genährt.

Vielleicht spürst du jetzt dass es dir hier nicht gut geht. Du bist weit weg von deinem ursprünglichen Zuhause. Die einfachste Möglichkeit wäre für dich jetzt, wie gesagt, zurück in deine

Heimat zu fahren. So hättest du eine Erfahrung gemacht und schnell eine neue Entscheidung getroffen.

Diese Möglichkeit ist dir nur nicht bewusst. Anstatt einfach zurückzufahren, kommen jetzt dein Verstand und dein Ego ins Spiel. Der Verstand sucht nach einer Rechtfertigung, weshalb du überhaupt in die Stadt gefahren bist. Er redet dir ein, dass du da wohl schon am richtigen Ort bist und dass es hier viele Möglichkeiten gibt, die dir zu ganz neuem Ansehen verhelfen werden. Er beginnt, dir die Vorteile zu schildern und fordert dich auf, immer etwas klüger und berechnender zu sein als die anderen Leute, um zu Erfolg und Prestige zu gelangen.

Er zeigt dir auch den potentiellen Lohn für deine Anstrengungen: Macht, Geld, Wohlstand und Einfluss auf deine Umgebung. Dieses Angebot ist verlockend. Du denkst, wenn du all diese Dinge bekommst, bist du wieder glücklich und leidest keinen Mangel mehr. Der Verstand sagt dir nicht, dass dieses Streben nach Habenwollen einen hohen Preis hat. Du verlierst dadurch dein Sein, deine Erinnerung an deinen Ursprung und die Einheit. In diesem Schmerz, den du erfolgreich verdrängst, beginnst du in unterschiedlichen Rollen zu leben. Du verlierst den ursprünglichen Bezug zu dir und deiner Echtheit, dadurch, wirst du manipulierbar und abhängig.

Wenn die Seele diese Ebene erreicht hat, will sie Herrschaft und Macht und realisiert nicht, dass sie die Macht über sich selbst immer mehr verliert. Sie wird damit zum Spielball verdeckter Mächte, deren einziges Ziel es ist, deine Energie und dein Licht zu bekommen. Die menschliche Seele gerät damit in ein Wechselspiel von Grössenwahn und der Illusion, wirklich mächtig zu sein. In diesem Zustand fühlt sie sich unbegrenzt, ja geradezu göttlich.

Machtspiele finden immer auf einer sehr tiefschwingenden Frequenzebene statt. Sie sind damit weit entfernt davon, wirklich göttlich zu sein, weil sie auf Kampf und Trennung aufbauen anstatt auf Liebe und gegenseitiger Achtung.

Irgendwann durchschaust du das Spiel. Jetzt kann Heilung geschehen. Durch Erkenntnis bekommst du die Chance, aus dem *Samsara*, dem ewig drehenden Rad der Wiedergeburt auszusteigen.

Du kommst zum Finale deiner Erfahrung, weil du begreifst, dass jede Ursache eine Wirkung und jede Entscheidung konkrete Folgen hat. Das ist ein geistiges Gesetz, welches niemals seine Wirkung verliert. Darauf bauen die Pole der Dualität auf. Jeder Schatten, dem du in deiner menschlichen Inkarnation begegnest, hat ein lichtvolles Gegenüber. Abwechslungsweise stehst du auf der einen oder anderen Seite der Dualität. Wenn du erkennst, dass du nicht nur Täter oder Opfer bist, sondern zeitübergreifend beide Erfahrungen machst, kommst du irgendwann zur Erkenntnis, dass Täter und Opfer eine duale Bedingung sind. Mit dieser Einsicht kannst du aussteigen aus diesem immer wiederkehrenden Spiel und die Reise nach Hause antreten.

Diese Wiederholungen haben auf der globalen Bühne ihre Entsprechung. Bis zum heutigen Zeitpunkt wechselte sich die Dominanz zwischen männlichen und weiblichen Kräften ab. Die Urverbindung zwischen diesen beiden Polen ist schon lange verloren gegangen. Es gibt nur die Wechselfolge von Kampf und Trennung.

Eine kleine Ahnung von Gemeinschaft und Schöpferkraft ist dabei immer geblieben. Die Geburt eines Kindes ist ein solcher Akt. In der neuen Zeit gibt es immer mehr Paare, die zusammen Projekte umsetzen und damit der Welt einen Dienst erweisen, weil sie es in einem gemeinsamen Miteinander tun.

Das Ego

Das Ego baut seine Macht auf Themen von Schuld, Vergeltung und Rache auf. Es ist dein innerer Prüfer, der immer wieder Situationen kreiert, aus denen du lernen kannst. Für die Entwicklung deiner Seele gibt es keine wichtigere Instanz als das Ego. Wenn du das Ego, welches immer auf der Suche nach Schwierigkeiten ist, durchschaut hast, wird es klein und steht dir als positive Kraft zur Verfügung.

Das Ego hat zweifelsohne keinen guten Ruf. Es ist ein weiter Weg, bis du als Mensch erkennst, dass das Ego eine ganz andere Funktion hat, als die, welche ihm von Seiten der kirchlichen und weltlichen Autoritäten zugeschrieben wird. Wenn du die wahre Bedeutung des Ego begreifst, kannst du anfangen mit ihm ins Gespräch zu kommen.

Liebes Ego, du scheust keine Anstrengung, du bist wundervoll und lässt mich erst dann in Ruhe glücklich leben, wenn ich zur Erkenntnis gelangt bin, woher meine Schmerzen, Eigenangriffe und Schuldgefühle stammen. Du zeigst mir immer wieder Muster auf, die mich von mir selbst und von der Liebe trennen.

Du bist mein innerer Seismograph. Hypersensibel wie ein Zittergras. Du bist wie ein Detektiv, der den Strahl seiner Taschenlampe in der Nacht auf die Ursache meiner schmerzhaften Emotionen und destruktiven Verhaltensweisen wirft.

Liebes Ego, du inszeniert die größten Stories, um mir aufzuzeigen, in welchem Bereich Handlungsbedarf notwendig ist.

Immer wieder führst du mich in dieselben altbekannten Situationen. Auch wenn ich dir sage, dass ich *DAS* jetzt wirklich nicht mehr brauche, lässt du nicht locker und stellst mir andauernd Prüfungsaufgaben in den Weg. Wieso tust du das?

Dafür gibt es nur einen Grund und eine Frage. „Es ist ganz einfach“, sagst du. „Hast du es jetzt wirklich verstanden, oder brauchst Du noch eine Zugabe?“

Liebes Ego, du verwirrst mich. Jetzt sagst du, es ist doch alles einfach?

„Ja", sagt das Ego. „Ich verrate Dir ein Geheimnis. Es gibt nur eine Frage, die zählt: ‚Tut es dir gut, bist du glücklich, stehst du zu dir und bist du in Frieden mit dir? '"

Wenn du diese Fragen mit Ja beantworten kannst, dann werde ich zum stillen Beobachter. Ich beobachte genau und wecke dich auf, wenn du wieder in die alten Muster gehst, dich abhängig machst oder wenn du in der Vergangenheit schwelgst und dir Luftschlösser baust.

Wenn du dich klein und wertlos zeigst, dann komme ich auf den Plan. Und nein, ich wische dir deine Schmerzen nicht einfach weg. Ich werfe dich noch tiefer in deinen Schmerz hinein, ich bringe dir Verbündete für deine negativen, destruktiven Gefühle. Ich stelle dir Menschen und Partner in den Weg, die dich darin bestärken, dass du nicht schön und sexy bist. Sie werden dir deine Unfähigkeit bestätigen und dir sagen, dass du es nicht bringst und dass es viele, weit bessere Alternativen für dich gibt.

Die stelle ich dir überall hin. Im Beruf, in deinen Beziehungen, im Sport, im Spiel, bei Diskussionen, überall stelle ich sie dir hin. Dass all diese lieben Leute nur dich selbst spiegeln, sozusagen dein eigenes Inneres sprechen lassen, das musst du selbst herausfinden. Ok, jetzt habe ich es dir doch verraten. Das nützt dir aber nicht viel. Erst wenn du bereit bist, diese Tatsache wirklich anzunehmen, dir und den andern für das Spiel, das ihr gespielt habt, zu vergeben und dich selbst zu lieben, erst dann wirst du frei.

Glaube mir, die Prüfung ist nicht einfach. Du musst dabei nämlich vom armen Opfer in die Rolle des selbstbestimmten Menschen gehen.

Deine Seele hat sich entwickelt. Jetzt verurteilst du vielleicht Menschen, die Unrecht tun. Solange du in der Verurteilung bist, hast du eine Verbindung zum Thema, das du verurteilst. Gleichzeitig bist du damit in Konkurrenz zu denen, die Unrecht tun, denn du bist ja besser als sie. Damit läufst du bereits wieder in eine Trennung, in ein Ego-Muster. Lies später darüber nach, was Urteilen mit dir macht.

Wenn du vehement etwas kritisierst und dabei sagst, dass du *so* etwas nie tun würdest, dann hast du eine sogenannte Anhaftung zu genau diesem Thema. Das heisst, du kannst damit nicht neutral und wertfrei umgehen.

Eine Anhaftung ist einfach zu erkennen. Die Frage heißt: „Bin ich auch so wie die, die ich kritisiere? Oder möchte ich keinesfalls so sein?“ Wenn du keinesfalls so sein möchtest, dann hast du das, was du verurteilst auch schon getan, vielleicht in einem früheren Leben und du hast dir noch nicht vergeben.

Wenn dir im Leben öfters als zwei Mal dieselbe Schwierigkeit begegnet oder ein Ereignis sich immer wiederholt, dann gibt es in dir eine Resonanz dazu. Vielleicht verlierst du immer wieder deine Arbeitsstelle, wirst gemobbt oder hast ein Problem mit deinen Vorgesetzten, dann gibt es ein Thema, welches sich dir aufzeigt, weil es gelöst werden möchte.

Wenn du beispielsweise immer wieder Mobbing erlebst, lohnt es sich, die Frage zu stellen, weshalb erlebe ich das? Ich bin doch so angepasst im Geschäft, tue alles, was von mir verlangt wird, passe mich an und gebe mein Bestes. Wo nur soll da meine Resonanz sein?

Spanne den Bogen etwas weiter und überlege dir, wie du es in deiner Freizeit hältst. Tratschst du gerne über andere? Über deine Freunde, deine Schwiegermutter, deine Nachbarn? Suchst du dir gerne Verbündete gegen andere?

Wenn du wirklich bereit bist, dir diese Fragen zu stellen, dann bekommst du die Antwort.

Der Ausstieg aus der Opferrolle ist das ultimative Meisterstück. Den Test dafür hast du dann bestanden, wenn du loslassen kannst, wenn du nicht mehr unbedingt immer Recht haben möchtest. Wenn du lieber einmal schweigst, auch wenn du glaubst, viel sagen zu können. Dann bist du bereit für den nächsten Schritt. Dann bist du bereit für das Ho'oponopono.

Ho'oponopono

Die Methode des *Ho'oponopono* entspringt dem alten schamanischen Wissen der *Kahunas*, den Weisen und Heilkundigen unter den hawaiianischen Ureinwohnern. Die schamanischen Lehren, Rituale und Praktiken wurden mündlich von Generation zu Generation weitergegeben.

James Cook (1728–1779) war ein berühmter Seefahrer und Kartograf. Er bereiste im Laufe seines Lebens die Weltmeere und erstellte vielfach die ersten geografischen Karten.

Nach der Ankunft von Cook auf den hawaiianischen Inseln begann die Verfolgung der Kahunas und ihrer traditionellen Lehren und Ritualen.

Zuerst war es die eigene Obrigkeit im Land, später kamen die christlichen Missionare, welche die Kahunas von ihrer Rückverbindung zu den kosmischen Gesetzen und der Natur abbringen wollten. Diese Bekehrungsversuche waren äußerst blutig und forderten viele Verluste unter den Ureinwohnern Hawaiis. Die Kahunas flüchteten in die unzugänglichen Wälder der Insel Kauai, wo sie ihre Tradition bewahren und weiter praktizieren konnten.

Im Jahre 1920 reiste der amerikanische Autor Max Freedom Long auf die hawaiianischen Inseln. Ihn faszinierte die Lebensweise der Ureinwohner sehr. Er lebte über lange Zeit mit ihnen zusammen. Die Ureinwohner hegten dem weißen Amerikaner gegenüber, aus verständlichen Gründen, sehr grosses Misstrauen. Sie waren nicht bereit, ihm den Zugang zu ihrem Wissen zu gewähren. Dazu kam, dass Freedom ihre Rituale rein wissenschaftlich analysieren wollte. Er stand damit in krassem Gegensatz zu den spirituellen, naturverbundenen Weisheiten ihrer überlieferten Lehren.

Freedom erlernte ihre Sprache und konnte so Einiges entschlüsseln. Er koordinierte sein erlangtes Wissen und fasste es in verschiedenen Büchern zusammen. Er gab den Beschreibungen in seinen Büchern den Namen *Huna*, was so viel wie „geheimes Wissen und Weisheit" bedeutet.

Auf diese Weise gelangten viele Rituale und schamanische Praktiken aus Hawaii in die ganze Welt. Diese Lehren fanden immer mehr Anhänger in den Bereichen der neuen Heilmethoden. Viele Heilmethoden der heutigen Zeit stammen von diesem schamanischem Urwissen ab. Dazu gehört insbesondere die Methode der Systemischen Arbeit, wie sie von Virginia Satir und Bert Hellinger gelehrt und verbreitet wurde.

Das Ho'oponopono ist eine spirituelle Methode der Versöhnung und gegenseitigen Vergebung. Es ist ein sanfter Weg der Konfliktlösung, welcher von weiblichen oder männlichen Kahunas auf Hawaii zur Heilung von körperlichen und geistigen Krankheiten, vorwiegend wenn diese in Familienverbänden auftreten, angewendet wird.

Am 19. Mai 1913 wurde Morrnah Nalamaku Simeona in der Hauptstadt Honolulu geboren. Sie war eine *kahuna lapa'au*, eine Kräuterheilerin. Ihre Mutter Lilia war eine der letzten anerkannten *kahuna lā'au kahea*, das so viel bedeutet wie „Priesterin, die mit Worten heilt".

Morrnah praktizierte nach ihrer Ausbildung vorerst an prominenten Feriendestinationen auf Hawaii die Lomi-Lomi Massage. Ab 1976 gab sie Seminare und Vorträge zu Ho'oponopono und begann die geheimen Gebete und Versöhnungssätze öffentlich zu machen.

Später reiste sie durch die ganze Welt und unterrichtete interessierte Schüler in ihren Methoden. Morrnah starb am 11. Februar 1992 in Kirchheim bei München.

Prominente Schüler bei ihr waren Bärbel und Manfred Mohr. Diese knüpften anlässlich eines Aufstellungsseminars eine Verbindung zu Ulrich Emil Duprée. Dadurch wurde eine weitere Brücke zu einem Autoren gebaut, der später die praktische

Anwendung von Ho'oponopono in einem gut verständlichen eigenen Buch festhielt: „ Ulrich Emil Duprée, Ho'oponopono, das hawaiianische Vergebungsritual", Erstausgabe 2011, im Schirner-Verlag

Die Methode von Ho'oponopono. beinhaltet die Bejahung dessen, was ist. Danach folgt eine Sequenz von Einsicht und Vergebung. Den Abschluss bildet die Erlösung durch die Kraft der Liebe. Bekennen-bereuen-vergeben, diese Formel findest du bereits im Buch der Bücher, der Bibel wieder. Sie ist Inhalt des Credos, welches noch heute in jeder christlichen Messefeier vor dem Akt der Kommunion gebetet wird. Im Unterschied zur Lehre der katholischen Kirche, findet die Befreiung durch Ho'oponopono nicht von aussen statt, sondern erfolgt in einem inneren Prozess, welcher Eigenvergebung durch Selbstliebe beinhaltet.

In der therapeutischen Arbeit hat sich die folgende, Kurzformulierung als sehr effektiv erwiesen. Diese Formel kann für die persönliche Lösung von Problemen, wie auch für kollektive Erlösung angewendet werden.

Ja, ich habe es getan.
Es tut mir leid.
Bitte vergib mir.
Ich vergebe mir.
Ich liebe mich, ich liebe Dich.

Wenn du diese Worte aus ganzem Herzen sprechen kannst, wirst du augenblicklich frei. Innere Freiheit, Freude und Leichtigkeit sind Zeichen dafür, dass du in eine höhere Dimensionsebene gewechselt hast.

Aufstieg in die 5. Dimension

Höher zu schwingen,
das sind nicht nur Worte,
meine Lieben. Es ist nicht
einmal ein Konzept.
Es ist manifestierte Realität
Lee Carroll, Kryon Kartendeck, 2002, Koha Verlag

Das goldene Zeitalter kannst du erleben, wenn du deinen eigenen persönlichen Weg durch die Dualität durchlaufen hast.

Wenn du dir vorgenommen hast, in diesem, deinem Leben, die Spiritualität und die Gesetze der Einheit zu verwirklichen, dann wirst du immer wieder geschliffen und geprüft. Deine Seele ist wie ein Kristall, der sich über lange Zeit und viele Erfahrungen zu einem strahlenden Diamanten wandeln wird.

Eine neue Zeit hat begonnen. Das Zusammenschmelzen der Kräfte von Gott und Göttin, von weiblicher und männlicher Energie, führt zur Auflösung alter Strukturen. Alles, was nicht im Einklang mit der Liebe schwingt, löst sich auf. Dies gilt insbesondere für alle Formen des Kampfes, für Machtkämpfe, Konkurrenzdenken und Fremdbestimmung. In der höherschwingenden Dimensionsebene können diese Energien längerfristig nicht bestehen.

Eine Welle des Lichts und des Verstehens erfasst nun große Teile der Menschheit. Alles wird sichtbar. Du wirst neu geboren. Viele Menschen spüren diesen Übergang. Wie bei einer Geburt kann diese Veränderung auch durchaus mit schmerzhaften Erfahrungen verbunden sein. Je weniger du selbst tun und kontrollieren willst, umso stärker kann deine Seele die Führung übernehmen. Dann spürst du das Wirken einer großen kosmischen Kraft, die weit über dein enges Denken und Planen hinausreicht. Je mehr du diese perfekte Ordnung der Dinge siehst und sie annehmen kannst, umso stärker wächst dein Vertrauen dafür, dass du immer zur richtigen Zeit am richtigen Ort bist und genau das Erforderliche tust, um deine nächsten Schritte zu machen.

Die Veränderung deiner Sichtweise kannst du mit einer neuen Stufe auf der *Jakobsleiter* vergleichen. Die Jakobsleiter ist ein Symbol für den Auf- und Abstieg zwischen Himmel und Erde. Das zeigt dir schon, dass der Prozess nicht linear verläuft. Je nachdem auf welcher Stufe du gerade stehst, fühlst du anders, denkst du anders und handelst du anders. Dies macht es für dich selbst und für dein Umfeld schwierig, dich zu fassen. Damit hast du in dir verschiedene Anteile, die deinen Geist spalten. Diese Spaltungen können ganz tief liegen und damit schwierig zu erkennen sein. Das kann sich darin zeigen, dass du im familiären Umfeld sehr gebieterisch sogar gewalttätig und herrisch bist. In der Öffentlichkeit kannst du dich dagegen für das Wohl von Familien und Kindern engagieren, die keinen gesellschaftlichen oder finanziellen Status haben. Du kannst auch eine Idee vertreten, ohne selbst danach zu handeln. Vielleicht verlangst du, dass man Steuerhinterzieher an den Pranger stellt, während du selbst genau dieses Gesetz brichst.

Wenn du es schaffst, in einem bestimmten Thema integer und authentisch zu sein, hast du eine Stufe in dir in die Einheit gebracht. In dieser inneren Einheit bist du jederzeit zu 100% du selbst, ganz egal, wo du gerade bist, oder was du tust. Das Wort heil bedeutet „ganz". Ganzwerden heißt demnach, deine eigenen inneren Anteile, die oft in Opposition zueinander stehen, zu einem ganzheitlichen Gefüge zusammen zu bringen.

In der Zeit der gegensätzlichen Erfahrungen bist du dauernd in deiner eigenen Dualität gefangen. Das zeigt sich dadurch, dass dein Leben von Extremen geprägt ist. Es ist immer ein Entweder-oder, ein Alles-oder-Nichts. Damit bist du in dir gespalten. Wenn du deine eigenen Anteile zusammenbringst, gelangst du zur inneren Harmonie und kommst in einen tiefen Zustand des Friedens und der Freude. Du verstehst, dass es ein Sowohl-als-auch gibt, weil sich alles gegenseitig bedingt und nicht voneinander zu trennen ist.

In diesem neuen Zustand brauchst du keine Maske mehr, um dein Gesicht zu verdecken. Du hast den vollen Bezug zu dir selbst und zeigst dich so, wie du bist.

Himmel und Erde bilden eine Polarität. Die Erde besteht aus fester Materie. Der Himmel ist Geist. Wie kann man nun Materie mit Geist verbinden? Zwei Dinge von unterschiedlicher Schwingungsfrequenz? Dafür braucht es den Menschen, der beides in sich trägt. Mit dem Körper ist er der Materie unterworfen. Sein Geist aber ist grundsätzlich unbegrenzt. Wenn du unterschiedliche Dinge miteinander verbinden willst, braucht es eine Schnittstelle, ein Zwischenstück. Dieses Zwischenstück heißt Liebe. Liebe ist ein Gefühl. Ohne Entwicklung der Herzfrequenz gibt es keinen Aufstieg in höhere Dimensionen. Die Herzebene ist die Schnittstelle zwischen oben und unten. Es ist der 4D-Punkt und ein Verbindungsstück zwischen den Frequenzebenen von Materie und Geist. Mit der Aktivierung dieses Schnittpunkts heilst du die Trennung zwischen Egobestimmtheit und Einheitsbewusstsein.

Du hast über viele Inkarnationen immer wieder dieselbe schmerzhafte Erfahrung gemacht, wie es sich anfühlt, in der dualen Welt der Extreme gefangen zu sein. Alles hat zwei Seiten wenn du dich für eine Seite entscheidest, verlierst du dafür etwas anderes. Wenn du beispielsweise bis zum Umfallen arbeitest, verdienst du zwar viel Geld, hast aber keine Zeit, es auszugeben. Wenn du dich für ein Leben im Rückzug entscheidest, kannst du das Gefühl der liebenden Verbundenheit nicht erleben.

In der Dualität hat jede Seite ihr oft unbekanntes Gegenstück. Was im Schatten, also im Unbewussten, liegt, kann dunkel oder lichtvoll sein. Diese Schatten bilden energetische Felder, mit jedem Gedanken und jeder Handlung nährst du immer das entsprechende Feld.

Das größte dunkle Feld, das besteht, ist das Feld der Angst. Die Erde ist ein Lernplanet dafür, wie Angst in Liebe und Vertrauen gewandelt werden kann.

Unser wundervoller Planet Erde, ist verbunden mit den Gestirnen des Kosmos. Er wurde immer auch von außerirdischen Mächten beeinflusst.

Die Erde befindet sich, genau wie die Menschen, die auf ihr leben, in einer kontinuierlichen Steigerung der Schwingungsfrequenz. Je tiefer die Frequenz, desto schwerer und anstrengender ist das Leben. Die Geschehnisse der äußeren Welt sind oft chaotisch. Dies ist einerseits anstrengend, wenn du dich darauf einlässt. Andererseits gibt dieser Umstand dir Gelegenheit, Innenschau zu halten, dich selbst zu finden und in deiner eigenen, inneren Mitte und zur Ruhe kommen.

Mit deinem geöffneten Herzen schaffst du es, eine Regenbogenbrücke zu bauen. Im Regenbogen sind alle Farben enthalten. Damit hebst du die schmerzhafte Trennung von Schwarz und Weiß, Hell und Dunkel auf. Wenn du mit deiner Regenbogenbrücke alle Farben entwickelt hast, dann bist du alles. Du kommst dann vom Haben-wollen ins Sein. Bedenke: alles was du haben willst, bist du nicht. Wenn du es bist, willst du es nicht mehr haben. Wenn du in diesen Seins-Zustand kommst, brauchst du dir und anderen nichts mehr zu beweisen. Deine ganze Persönlichkeit strahlt dann einfach aus, was du bist.

Den Weg der Innenschau und in die eigene, innere Welt nennt man den esoterischen Weg. Die Fokussierung auf die Außenwelt und das Befolgen ihrer Bedingungen ist der exoterische Weg. Jeder kennt die Verunglimpfung des Wortes *Esoterik.*

Esoterik – neutral betrachtet – heißt einfach, die Sicht nach innen zu richten. Die Lösung, die Kraft und das Verstehen liegen immer in der Tiefe des eigenen Seins. Die Zeit ist für dich angebrochen, dich mit der wichtigsten Person in deiner Welt zu befassen: das heisst, mit dir selbst und mit der Entwicklung deines eigenen Potenzials. Beginne damit, zu forschen, wo dich deine Blockierungen noch zurückbinden. Erkenne deine Abhängigkeiten und deine Gebundenheit an Menschen, Ideen, Süchte und an materielle Gier.

Solche Verhaltensmuster sind Ausdruck einer Flucht. Wandle die Flucht zum freien Flug des Adlers in deiner Lebensgeschichte. Es gibt keine bessere Welt, keine bessere Beziehung, in die du flüchten kannst. Die perfekte, wundervolle Welt ist in dir selbst. Mahatma Gandhi sagt:

Sei du selbst die Veränderung, die du dir wünschst für diese Welt.

Die Öffnung des Bewusstseins in der Zeit vom Ende des Fische-Zeitalters bis zu dem Beginn des Wassermann-Zeitalters, jetzt im Jahr 2020, ist gigantisch. Ein weiser Lehrer für diesen Prozess ist ein feinstoffliches Wesen, das sich als „Kryon vom magnetischen Dienst", bezeichnet. Die Botschaften dieses Wesens an die Menschheit werden seit dem zu Ende gehenden Jahrtausend von dem Amerikaner Lee Carroll durchgegeben. Carroll geht unbeirrt seinen Weg. Er wurde kopiert, verunglimpft und insbesondere von den meinungsbildenden Medien lächerlich gemacht. Lee Carroll hat sich dadurch nicht abbringen lassen, die Menschen in ihrem Aufstiegsprozess zu unterstützen. Die Botschaften von Kryon sind eine große Stütze auf dem Weg des Aufstiegs.

Dazu hat Lee Carroll folgenden Text für ein 8-Schritte Programm des Aufstiegs in die neue Dimension durch Channeling vermittelt:

Schritt 1 ist die erwachende Neugier des Menschen in Bezug auf Bewusst-sein. Kann es wahr sein, dass es eine solch gewaltige Möglichkeit der Veränderung gibt?

Schritt 2 ist die Öffnung hin zu den Methoden der Kommunikation mit den Wesen hinter dem Schleier, Kryon nennt sie Spirit, welche die Liebe des göttlichen Funkens vertreten. Hier beginnt die Auseinandersetzung mit dem Wissen, welches zu dem Thema des Aufstiegs vorhanden ist.

Schritt 3 geschieht dann, wenn der Mensch den Sinn von Licht und Dunkel in seinem Leben erkennt und seine Verantwortung dafür übernimmt. „Menschen", sagt Kryon, „sind in dieser Hinsicht sehr interessant." Wenn ihnen Heilung geschieht, sagen sie. „Ich könnte das nicht tun. Es muss von Gott kommen. Gelobt sei Gott." Wenn etwas wirklich Böses in ihrem Leben geschieht, sagen sie: „Das muss ein Dämon gewesen sein, das muss der Teufel gewesen sein, er hat mich ergriffen und von den guten Dingen weg gezogen." „Sitzt Ihr also einfach in ‚Neutralität' herum und wartet darauf, dass eines der beiden Wesen Eure Seele erfasst", fragt Kryon weiter. „Tragt Ihr für nichts Eure eigene Verantwortung?"

Schritt 4 ist die Erlösung des Geburtskarmas und das Verstehen der eigenen Beteiligung auf dem spirituellen Weg. Ihr müsst Euch darüber klar sein, dass Ihr viele Male und viele unterschiedliche Leben gelebt habt. Diese Leben bauen energetisch aufeinander auf und die Erfahrungen der vergangenen Leben gestalten Euer gegenwärtiges Potential. Der Name für dieses System ist Karma, welches Ihr durch Erkennen lösen könnt. Die Möglichkeit, Karma zu erlösen, besteht erst seit etwa zwanzig Jahren. Sie hängt mit der Erhöhung der Frequenz nach der harmonischen Konvergenz (1987) auf diesem Planeten zusammen. Wenn Ihr für Euch diese neue Energie erschafft, wird sich Euer Leben verändern. Eure Angst wird von Euch abfallen, weil sie ein Teil Eures Karmas ist.

Schritt 5 ist sehr tiefgreifend. Er findet dann statt, wenn die Menschen entdecken, dass sie tatsächlich die Materie verändern können. Die ersten vier Schritte haben nur mit dem Menschen persönlich und seinem eigenen Wachstum zu tun. Die letzten vier Schritte haben mit den Menschen selbst und mit der Verbindung zur restlichen Menschheit zu tun. Damit könnt Ihr Materie mit Eurem Geist verändern, indem Ihr Eure Vorstellungskraft im Senden von Licht an dunkle Stellen nutzt, bewirkt dies eine Schwingungsveränderung um Euch herum.

Schritt 6 geschieht, wenn der Lichtarbeiter anfängt, das interdimensionale System zu verstehen und erkennt, wie die Dinge auf der Erde funktionieren. Es ist eine große Entwicklung, denn sie erschafft einen Menschen, der anfängt mit den Gittern zu arbeiten. Dies sind fortgeschrittene Konzepte und nicht einfach zu verstehen, denn Ihr kommt damit dem Aufstiegs-Status näher … und damit der wahren Meisterschaft.

Schritt 7 beinhaltet die Fähigkeit den eigenen Körper zu heilen. Sieben ist eine heilige Zahl und hat mit Ganzwerdung und Vollkommenheit zu tun. Warum ist dieses Heil-Werden so weit oben auf der Liste der spirituellen Veränderungen? Weil sich selbst zu heilen, eine der schwierigsten Aufgaben für den Menschen ist. Hier geht es um das Verstehen der Zellstruktur. Sie repräsentiert den Menschen, der den interdimensionalen Sinn für die Wahrnehmung im eigenen Körper und die Arbeit mit der eigenen DNS besitzt.

Schritt 8 ist die neue Definition des Aufstiegs. Dies ist der Mensch, der ohne zu sterben in das nächste Leben voranschreitet. Es ist der Mensch, der die ersten sieben Schritte (Veränderungen) durchlaufen hat, sich umblickt und sagt: „Ich bin nicht mehr der, der ich einmal war!" Diese Menschen bringen die Ruhe und den Frieden Gottes in jede Situation. Sie ärgern sich langsam und sind schnell in ihrer Weisheit. Sie beurteilen niemals und sie sind diejenigen, mit denen Ihr gerne zusammen seid. Diese Menschen sind unter Euch. Nein, nicht in Engelsform. Es sind Menschen, die durch die Veränderungen gegangen sind und sie sind unter Euch. Das ist der Aufstieg!
Lee Carroll, Kryon, öffentlicher Vortrag, 20./21.Oktober 2007, Mexiko-Stadt

In der Zeit von 2012 bis zu dem heutigen Jahr 2020 wurden die Menschen geprüft und die Spreu vom Weizen getrennt. In dieser Zeit formierte sich die kritische Masse, welche den endgültigen Zusammenbruch der alten Systeme möglich machte.

Mit dem Aufstieg in eine neue Bewusstseinsebene wird dein volles kreatives Potenzial freisetzt. Deine Talente, deine Schöpferkraft und dein Licht zeigen sich in ihrer ganzen Größe. Deine Aufgabe dabei ist es, diese eigene Größe wieder voll anzunehmen und zu entfalten.

Vielleicht hast du dir die Ereignisse nicht immer so gewünscht, wie sie gerade geschehen. Jede Erfahrung bietet dir die Chance, deinen Horizont zu erweitern und das Leben besser zu verstehen. Mit dem Eintritt in das neue, goldene Zeitalter geschieht eine riesige Transformation. Der Abschied von der alten Welt fühlt sich ein bisschen an wie Sterben. Du kannst das Alte nicht mehr festhalten und das Neue verlangt deine totale Hingabe und dein Vertrauen in jeden Augenblick des Seins.

Es ist ein Tod und eine Auferstehung.

Der Mystische Tod

Die Blätter fallen, fallen wie von weit,
als welkten in den Himmeln ferne Gärten.
Sie fallen mit verneinender Gebärde.
Und in den Nächten fällt die schwere Erde
aus allen Sternen in die Einsamkeit.
Wir alle fallen. Diese Hand da fällt.
Und sieh dir andre an: Es ist in allen.
Und doch ist Einer, welcher dieses Fallen
unendlich sanft in seinen Händen hält
Rainer Maria Rilke (1875–1926)

Wenn dir alles verloren geht, wenn du nichts mehr halten kannst, wenn du das Gefühl hast, du fällst in ein endlos tiefes Loch, dann bist du dabei den Mystischen Tod zu erleben. Es ist ein riesiges Geschenk, diese Erfahrung zu machen, doch es fühlt sich an, wie wenn dir der Boden unter den Füßen weggezogen wird. Alles, was dir von großer Bedeutung war, verlierst du in diesem Moment. Das kann ein geliebter Mensch sein, der von dir geht oder eine Krankheitsdiagnose, die du bekommst. Es kann das Ende deiner Beziehung sein oder der Verlust deiner Arbeit. Auf einen Schlag ist alles, was dein Leben ausgemacht hat, einfach weg.

Dahinter steht ein alchemistischer Prozess. Etwas muss sterben, damit etwas Neues in dir geboren werden kann. In diesem Zustand fühlst du dich völlig handlungsunfähig, niemand kann dir dabei wirklich helfen, weil es dein ur-eigener Prozess ist. Es hilft dir, wenn du Menschen um dich hast, die dieses Sterben auch schon erlebt haben. Sie können dich wirklich verstehen.

Wenn du gegen diese vollständige Auflösung ankämpfst, dauert dein Leiden länger.

Wenn du loslassen kannst, lässt du das geschehen, was du in einem wilden Fluss tun musst, wenn du in einen Wasserstrudel gerätst. Die einzige Chance zu überleben besteht, wenn du dich ganz nach unten ziehen lässt, um von dort aus wieder aufzutauchen.

Der Mystische Tod fordert deine ganze Hingabe. Hingabe ohne Widerstand gegen *das was ist,* ermöglicht es dir, aus deinen alten Rollen auszusteigen. Wenn du den Mystischen Tod mit Hingabe akzeptierst, verlierst du die Angst vor dem Tod. Es ist eine Prüfung. Es ist die Geschichte des Phönix, der aus der Asche emporsteigt. Vögel symbolisieren Seelenaspekte. Mit dem Phönix aus der Asche gehen gebundene Seelenteile in die Freiheit. Dabei geschieht eine riesige Ego-Transformation. Die Strategien des Ego, welche auf Trennung, Konkurrenz und Machtkampf ausgerichtet sind, wandeln sich. Das Ego mäßigt seinen Anspruch und wird zur inneren Instanz des Prüfers, der anzeigt, dass du bereit bist, deine eigenen Anteile zu erkennen und Verantwortung zu übernehmen für alles, was dir geschieht. Der Mystische Tod ist eine Einweihung in ein neues Leben.

Atlantis

„Tief in jeder Seele liegt die Reinheit des Geistes. Nimm dir Zeit, danach zu suchen, bis du sie findest, und dann bringe sie zum Vorschein."
Eileen Caddy Findhorn (1917–2006)

Das dunkle Zeitalter begann in der Zeit von Atlantis. Zu dieser Zeit vollzog sich der Abstieg der Erde in eine sehr tiefschwingende, dunkle Ebene. Es gelang der Wissenschaft bis dahin nicht, diesen mystischen, versunkenen Kontinent abschliessend zu lokalisieren. Dunkle Wesen aus anderen Dimensionen begannen, sich für die Erde zu interessieren und sie für sich einzunehmen. Ursprünglich war Atlantis ein lichtvoller Ort, der sich immer mehr verdichtete. Aus spiritueller Sicht wird davon ausgegangen, dass sich die Materie allmählichen zu verdichten begann. Dies beschreibt symbolisch den Abstieg auf der Jakobsleiter. Jede Stufe führt zu einer Veränderung und zu einer tieferen Schwingungsfrequenz. Weitere Erklärungen dazu findest du in den später beschriebenen Kapiteln *die Jakobsleiter und Stufen.*

Atlantis hat eine direkte Verbindung zu den Sternen der Plejaden und mit der Kultur der Maya. Die Atlanter luden unter anderem Kristalle so stark auf, dass sie explodierten und den Kontinent zum Versinken brachten.

Die Zerstörung von Atlantis erzeugte unermesslich starke Felder von Angst, Ohnmacht, Schuld und Sinnlosigkeit. Mit diesen Feldern arbeiten die dunklen Kräfte, welche die Erde immer mehr beherrschten. Doch, ihre Zeit wird knapp. Im Laufe der Seelenentwicklung gibt es immer mehr Menschen, welche die Versiegelungen ihres dritten Auges und in ihrer DNS lösen können. Damit bekommen sie die Fähigkeit hinter den Schleier des Sichtbaren und hinter die Strukturen der wirkenden Kräfte zu sehen.

Die Wesen des Siebengestirns, der Plejaden, waren maßgeblich an den Experimenten in Atlantis beteiligt. Ein Teil von ihnen hat mit sehr dunklen Machenschaften Einfluss auf die Erde genommen. Dazu gehörten die Versiegelungen der DNS-Anlagen der menschlichen Spezies. DNS ist eine Abkürzung für Desoxyribonukleinsäure. Darin ist das gesamte Erbgut der menschlichen Rasse gespeichert.

Wissenschaftler konnten sich bis heute nicht erklären, wie es zu anscheinend überflüssigen Fragmenten kommt und nannten diese „Junk-DNS“. In der neuen Zeit, die gerade anbricht, werden diese brachliegenden Strukturen durch die Schwingungserhöhung aktiviert. Das Jahr 2020 ist der ultimative Moment für den Beginn der Öffnung des ganzen Potenzials, welches in der DNS gespeichert ist.

Davor fürchten sich die dunklen Mächte sehr, welche noch immer auf der Erde leben. Ihre Zeit ist abgelaufen und sie versuchen mit allen Mitteln diese Entwicklung aufzuhalten. Wenn die Menschen wieder bewusst werden und ihre Schöpfermacht erkennen, können sie nicht mehr in Sklaverei gehalten werden. Die letzte und radikalste Idee der zerstörerischen Wesen ist es, diese Aktivierung des menschlichen Potenzials mittels eines Impfstoffs, der in das Erbgut eingebracht wird, zu verhindern.

Die Plejader und andere außerirdische Wesen haben über lange Zeit mit den Menschen experimentiert und in ihre Gene eingegriffen.

Je mehr DNS von der modernen Medizin aufgeschlüsselt wird, desto mehr Gendefekte werden registriert. Diese Eingriffe und Manipulationen in die Erbanlagen haben eine lange Tradition. Das Schicksal der Plejaden ist mit der Entwicklung auf der Erde untrennbar verbunden, weil ihr Aufstieg in neue Dimensionsebenen von der Heilung, die auf der Erde geschieht, abhängig ist. Die Widergutmachung ihres Wirkens auf dem Planeten Erde ist ein existenzielles Projekt der Plejaden. Die Erlösung und die Rückkehr der Erde in eine lichtvolle, befreite Ebene bedeutet auch Erlösung für unsere galaktischen Sternengeschwister. In diesem Jahr 2020, wird aus wissenschaftlichen Kreisen vermehrt über auffälligen Veränderungen auf der Oberfläche der Sonne und verschiedenen andern Planeten, wie beispielsweise,

Jupiter und Saturn berichtet. Dies zeigt eindrücklich die kollektive Verbindung unserer Galaxis.

Wir sind am Ende des *Kali-Yugas*, des Zeitalters der Zerstörung. Der Plan der Dunkelmächte ist noch immer da. Er hat das Ziel, den Planeten Erde entweder in ihrem Einflussbereich zu behalten oder ihn zu zerstören. Genau wie zur Zeit von Atlantis, möchten sie die Kontrolle über die Erde und die Menschen weiterhin übernehmen, das Wetter manipulieren und mittels verstärkter Strahlung durch 5G Antennen die DNS erneut elektromagnetisch versiegeln. Sie hoffen damit, den Aufstieg der Erde zu verhindern.

Ich schreibe dieses Buch im Verlauf des Jahres 2020. Die alte Welt bricht gerade zusammen. Jeden Tag kommen neue Meldungen zu angeblichen Bedrohungen durch Viren, welche einen Großteil der Menschheit auslöschen könnten. Dies schürt bei unbewussten Menschen eine große Angst und löst tiefschwingende Panikenergien aus. Die Politiker, welche im Dienste der dunklen Drahtzieher stehen, rufen Notrecht, den Ausnahmezustand, aus und begrenzen die Freiheit des einzelnen Menschen radikal. Seit Wochen sind die Menschen in der ganzen Welt in ihren Häusern eingesperrt. Mittels Satelliten und dem Einsatz neuer Funktechnologie soll die Erde global kontrolliert und überwacht werden.

Das Trauma der Vernichtung ist seit Menschengedenken im kollektiven Gedächtnis gespeichert. Diese Speicher leeren sich jetzt. Diese Leerung der Speicher verwirrt viele Menschen so sehr, dass sie sich widerstandslos beschränken lassen. Sie erhoffen sich damit Erlösung von genau den Kräften, welche sie selbst in diese Situation geführt haben. Die Angst und Ohnmacht der Menschen sind Nahrung für die Wesen, welche sich der Dunkelheit verpflichtet haben. Diese Nahrung ist für sie unentbehrlich. Für sie ist es die Endzeit, weil der Aufstieg der Erde seit dem Jahr 2013 konkret geworden ist. Die kritische Masse für den Durchbruch in eine neue lichtvolle Dimension wurde erreicht. Die Geburt der neuen Erde ist damit eingeleitet. Die neue Erde ist ein Ort der Freude, der Liebe und des Miteinanders. Die Kraft des Lichts beendet die Macht der Dunkelheit. Dieser Prozess läuft schon lange und findet jetzt ihren krönenden Abschluss.

Theater-Besucher wissen, dass Spannungsmomente und Verwirrung vor dem Ende der Inszenierung unglaublich fordernd sein können. Jeder der Akteure will „sein Schäfchen ins Trockene bringen". Vor der Auflösung des Theaterstücks wird ein Gag, das heißt ein Überraschungseffekt, eingesetzt. Die Dunkelmächte arbeiten in der Zeit des totalen Umbruchs nochmals mit ihrem größten Trumpf, der Angst vor Krankheit und Tod. Es soll ein *Corona-Virus* (sic!) geben, das rund um den ganzen Globus alle Menschen bedroht. Corona heißt Krone. Es ist ihr letzter Versuch, Menschen zu lähmen und sie völlig irrational werden zu lassen. Die Dunkelmächte holen aus zum krönenden Finale. Sie sperren die Leute ein, verpassen ihnen Maulkörbe (Masken) und setzen die politischen Rechte außer Kraft. Die Menschenrechte auf Unversehrtheit und freie Meinung sind ebenfalls ausser Kraft gesetzt. Sie wollen die Menschen den Zwangsimpfungen und einer totalen Kontrolle unterwerfen. Die Spannung steigt enorm an, genau wie in einem Kriminalroman. Dabei werden die Machenschaften der Drahtzieher täglich durchsichtiger.

Es erwachen immer mehr Menschen welche die Geschichte hinter den Ereignissen erkennen und verstehen.

Nach dem Finale wird in dieser Inszenierung der Vorhang nicht fallen. Er wird zerreissen und die neue Welt zeigt sich in ihrer ganzen Pracht auf der Bühne.

Wir sind heute, im Jahr 2020, genau an diesem Punkt des Theater-Finales.

Die Menschen erkennen, dass sie keine Monarchien und Führer brauchen, weil sie jetzt bereit sind, die Krone und das Zepter selbst zu tragen.

Die Frequenz der Erde ist so stark erhöht, dass den tiefschwingenden, zerstörerischen Kräften der Boden entzogen wird. Diese geben ihr Territorium nicht freiwillig ab. Da sie jetzt selbst der Zerstörung ausgesetzt sind, planen sie, die ganze Welt in diesen Untergang mitzureißen In der Psychologie bezeichnet man eine solche Handlung als *erweiterten Selbstmord*. Sie wollen die Erde in einen unwirtlichen Ort verwandeln, um sie so zum Spiegelbild ihrer eigenen inneren Welt zu machen.

Alte Schriften erzählen bereits von dieser zerstörten Welt. In der Geschichte der Städte Sodom und Gomorrha steht geschrieben, dass du dieser Zerstörung entrinnen kannst, wenn du nicht zurückschaust. Die Redewendung „Sodom und Gomorrha" entstammt aus dem Alten Testament der Bibel. Diese Städte sind ein Synonym für Entsetzen, Chaos und Untergang. Nicht zurückschauen bedeutet, dich nicht mehr an alten Strukturen festzuhalten. Die alte Welt stirbt mit Getöse. Jede Geburt geht durch einen dunklen, unbekannten Kanal. Wenn du loslassen kannst entziehst du dich dem Feld der Kontrolle und wirst frei. Menschen, welche die Freiheit für sich gefunden haben, bringen die dunklen Wesen und Machthaber in einen Zustand der Panik.

Die Dunkelmächte konnten sich über lange Zeitalter hinter einer Maske von Ruhm, Glanz und Geld verbergen. Sie nannten sich *die Elite*. Elite bedeutet „Auslese der Besten". Das Beste heißt im Fall des elitären Denkens all das, das Macht und Kontrolle über andere Menschen ausüben kann. Die Elite beutet Menschen auf unterschiedlichste Weise aus, um damit an Energie zu kommen, welche sie nicht selbst generieren können. Sie brauchen die angstvollen Emotionen der Menschen, um ihre Macht zu erhalten. Sie brauchen das Blut unschuldiger Kinder, um ihre Fratze hinter einer Maske von vermeintlicher Menschlichkeit, Wohlwollen und Güte zu verbergen. Sie bedienen sich sogenannter Terroristen, um Kriege anzuzetteln und so ihre eigene Aggression auszuleben.

Die vielen erwachten Menschen erschrecken sie zutiefst. Sie verlieren die Kontrolle, nicht nur über die Menschen, welche sie unterdrücken wollen, sondern – zusehends – immer mehr über sich selbst und ihre Machenschaften. Die Scheinwerfer richten sich immer mehr auf sie und alles, was im Untergrund verborgen war, kommt ans Tageslicht.

Kennst du die TV-Serie „X-Factor“? Wahrheit und Lüge liegen da ganz dicht beieinander. Was ist wahr? Was ist Lüge? Manchmal denkst du, die Wahrheit, die da verkündet wird, ist eine Lüge. Manchmal meinst du, die Lüge, die dir erzählt wird, ist die Wahrheit. Hier kommt der *X-Factor* ins Spiel. Er bedeutet nichts anderes, als die Fähigkeit, zu unterscheiden und dich auf dein eigenes Gefühl zu verlassen. In diesem laufenden Jahr 2020, wo gerade alles zusammenbricht und nichts mehr so sein wird, wie es war, kannst du dich nur auf dich selbst verlassen.

Menschen, die jetzt inkarniert sind, haben einen Absprung ins Ungewisse gewählt. Das Geschenk, welches sich dahinter verbirgt, ist die Möglichkeit, die Versiegelung ihres Bewusstseins zu lösen. Dadurch können sie beengende Strukturen erkennen und sie überwinden. Erstmals in der Geschichte der Menschheit sind es viele Wesen, die diesen Aufwachprozess machen. Damit bekommt der ganze Planet Erde die Möglichkeit, in eine höhere Dimensionsebene aufzusteigen. Die Weltbevölkerung hat trotz Kriegen und Seuchen massiv zugenommen. Es scheint, dass ganz viele Seelen diesen Wandel erleben wollen.

Die neue Erde

Seit dem Jahr 2015 gibt es auch materiell zwei Seins-Ebenen der Erde. Hellsichtige Menschen haben damals die Abkoppelung einer neuen Erde beobachten können. Aus der bestehenden Erde erhob sich eine neue Erde, die sich aus der alten Matrix löste. Ab diesem Jahr wurde das große Chaos sichtbar. Nur aus Chaos kann Neues entstehen. Viele Menschen haben sich über die alte Matrix erhoben. Sie haben seither die Möglichkeit, die Entwicklung aus der Perspektive des Adlers wahrzunehmen.

Dies gelingt aber nur jenen Menschen, welche ihren 4D-Schnittpunkt, das heißt die Herzöffnung, vollzogen haben. Für die anderen wird es schwierig, weil sie in der alten, tiefschwingenden Ebene gefangen sind. Menschen in 3D können nicht einfach so mir nichts, dir nichts beliebig auf 5D wechseln. Wenn du einmal Fuß gefasst hast auf der neuen Dimensionsebene, kannst du dich freiwillig auf die tieferen Ebenen einschwingen. Wenn es ein bewusster Entscheid ist, dich auf 3D zu informieren, geschieht dies mit einem gesunden Abstand, ohne dass du von dieser Ebene vereinnahmt wirst. Wenn du unbewusst in die alte Matrix hineingezogen wirst, erkennst du es sehr schnell. Du hast dann ein ungutes Gefühl, weil die Resonanzebene nicht stimmig ist. Dieser Seins-Bereich ist nicht mehr dein Zuhause. Du fühlst dich darin wie ein Süßwasserfisch, der ins Salzwasser gefallen ist. Um gut zu überleben, musst du bewusst in die Ebene zurückgehen, die dir innerlich entspricht.

Du kannst selbst wählen, welcher Kraft du dienen willst. Es gibt niemanden, der dich erwählt – außer dir selbst. Jeder Mensch hat den freien Willen zu entscheiden, in welchen Dienst er sich und sein Leben stellt. Du kannst bestimmen, ob du für die Dunkelheit oder für die Kraft des Lichtes arbeiten willst. Die Dunkelheit braucht Opfer, die Lichtkraft belohnt dich mit unendlicher

Liebe und Geborgenheit. Mit deinem Entscheid, für welche Seite auch immer, bekommst du die „Carte blanche", das heisst die Bewusstheit für deine Wahl. Damit beendest du in dir das unbewusste Spiel von Licht und Schatten. Für diesen Entscheid misst du dich selbst dereinst in der Rückschau auf dein gelebtes Leben.

Dann hast du wieder die Wahl. Suchst du Ausreden für dein Tun? Oder übernimmst du Verantwortung und bittest um Vergebung und Erlösung? Dieses Bitten hat mit wahrer Demut zu tun. Es ist die Hingabe daran, die Erlösung und den Frieden anzunehmen. Auch ganz dunkle Inkarnationen sind nur Erfahrungen, um dein inneres Gemälde zu vollenden. Wenn du es dir selbst nicht vergeben kannst, bleibst du ein Opfer. Opfer schwingen in einem tiefen und schweren Bewusstsein, das von Dunkelheit umgeben ist. In diesem Zustand können sie ihre Augen nicht für Möglichkeiten ihrer Befreiung öffnen und bleiben in einem, sich ewig drehenden Hamsterrad gefangen. In diesem Hamsterrad gibt es zwei Möglichkeiten: Entweder du drehst weiter, versuchst die Kontrolle über deinen Hunger und deinen Schwindel zu bekommen, was sehr anstrengend und auf die Dauer unmöglich ist. Oder du wagst es hinauszuspringen. Dann landest du auf der grünen Wiese, wo Nahrung im Überfluss vorhanden ist. Diese grüne Wiese ist die Ebene deines Herzens, die sich jetzt durch deinen mutigen Schritt öffnet. Es ist die Schnittstelle zwischen Himmel und Erde. Die Geburt deines inneren Regenbogens. Das bedeutet Abschied von der Opferrolle. Du alleine bestimmst also den Weg, den du wählst.

Bei dem Projekt „Neue Erde" arbeiten die Wesen aus vielen Dimensionen und mit verschiedener Herkunft zusammen. Wenn du deine inneren Blockaden und Hindernisse beseitigt hast, kannst auch du mitarbeiten an dem kollektiven Erlösungsprozess. Voraussetzung dafür ist es, dass dein Seelenkristall die Klarheit und Reinheit eines Diamanten bekommt. Je größeren Druck du aushalten kannst, umso reiner wird dein Diamant. Der Aufstieg der Erde bewirkt große, lichtvolle Veränderungen in deinem eigenen System und im Zusammenspiel der kosmischen Gestirne und Sonnensysteme.

Neue Seelen

Wo die Wege sich treffen
Zum überpersönlichen Ziel
Da endet die Wandlung, der Weg des Schmetterlings beginnt.
Der Schleier der Trennung hebt auf
Ganz sind wir in der Dimension des EINEN.
Eva-Maria Brücker, März 2020

Ab Mitte des vergangenen Jahrtausends inkarnierten sich immer mehr Seelen, die genug hatten von der wiederkehrenden, schmerzhaften Erfahrung, in einer getrennten Welt gefangen zu sein. Sie brachten mit ihrer Geburt die Gabe der erweiterten Wahrnehmung mit. Das sechste Energiezentrum des Menschen liegt auf seiner Stirne, zwischen den organischen Augen. Gemäß der fernöstlichen Chakra-Lehre wird diesem Punkt die Farbe Indigo zugeordnet.

Bei den sogenannten *Indigokindern* ist das Stirnchakra, das *dritte Auge*, im Modus einer gesteigerten Aktivität.

Menschen mit aktiviertem dritten Auge sind sehr sensibel und haben oft Mühe, einströmende Reize, wie grelles Licht, laute Töne oder auch ein disharmonisches Umfeld zu filtern und einzuordnen. Solche Kinder und Erwachsene reagieren äußerst feinfühlig auf Störungen und Spannungen in ihrem Umfeld. Es handelt sich dabei um hochsensible Menschen, welche einen immer grösseren Teil der menschlichen Gesellschaft ausmachen. Sie verlieren oft den Boden unter ihren Füssen und ihre eigene, innere Harmonie. Durch ihre mediale Gabe sind sie Grenzgänger, die auf eine stabile Umgebung angewiesen sind. Wenn sie diese nicht zur Verfügung haben, können sie in das krankhafte Verhalten eines Borderliners fallen. Der Griff zu psychoaktiven Substanzen wie Ritalin oder andere Stoffe aus der Amphetamingruppe haben den Zweck, sie ruhig zu stellen und gesellschaftskonform zu machen.

Amphetamine gelten als psychoaktives Stimulans. Sie aktivieren die Nervenenden so sehr, dass diese ihre Funktion aufgeben und verkümmern. Damit werden Reize abgestellt. Das Belohnungssystem im Gehirn, der *Nucleus accumbens*, hat damit aber keine Gelegenheit mehr Stoffe, die der Mensch zur Entspannung und Zufriedenheit braucht, selbst auszuschütten. Dies führt dazu, dass er kaum mehr Ruhe und Entspannung findet. Die Folge davon ist oft der nahtlose Übergang zu Antidepressiva und anderen Psychopharmaka.

Diese Überreizung der Synapsen gehört zu einem dunklen Plan, der darauf ausgerichtet ist, Menschen abhängig und verführbar zu machen. Das Belohnungssystem ist ausgeschaltet und die Betroffenen versuchen, mit der Devise *„immer mehr, immer schneller"* diese Funktion wieder zu aktivieren. „Immer mehr, immer schneller" heißt auch immer weniger Menschlichkeit und Empathie. Damit geschieht eine Trennung zu den natürlichen Gesetzmäßigkeiten des Gebens und Empfangens, zwischen Ruhe und Aktivität. Beziehungen werden schwierig und Menschen der neuen Zeit geraten in eine große Falle, wenn sie sich in eine virtuelle Welt flüchten und von elektronischen Medien, wie Handys und Computer abhängig werden. Persönliche Beziehungen und Verbindungen auf menschlicher Ebene werden damit erschwert oder gar ganz unterbrochen.

Vielleicht bist du auch so ein Kind, das sich in der gängigen Realität schwer einordnen konnte? Dann hast du dich oft im falschen Film gefühlt. Du wurdest vielleicht gehänselt und ausgeschlossen. Du fühlst mit den Leidenden, den Ausgestossenen, den gequälten Tieren. Du spürst ihr Leiden, als ob es dein eigenes ist. Du bist empathisch, verschenkst – ohne zu überlegen – deine liebsten Kostbarkeiten an andere. Du stellst das Wohl der anderen über dein eigenes Glück. Du versuchst, allen zu helfen – oft sogar so, dass du die Schmerzen anderer Menschen spürst und auf dich nimmst. Oder du bist in eine dysfunktionale Familie geboren. Deine Mutter war vielleicht innerlich abwesend, dein Vater Alkoholiker oder zu schwach, um für dich da zu sein. Das alles spürst du und kannst dich nicht abgrenzen.

Eigentlich weißt du gar nicht, was dir geschieht, wenn du so völlig in das Feld anderer Menschen eintauchst. Du bist verwirrt. Was ist mein Gefühl? Was gehört nicht zu mir? Ist das jetzt mein Schmerz oder doch nicht?

Ich sage dir, 97 % aller Schmerzen und negativen Gefühle, die du als ein solches Kind und später als Erwachsener erlebst, gehören gar nicht zu dir.

In deinem Lebensplan steht geschrieben, dass du diese Erfahrung machen möchtest, um zu lernen, dich abzugrenzen und zu unterscheiden, was zu dir gehört und was nicht.

Kinder, die ihre außersinnlichen Gaben entfalten möchten, werden oft in ein sehr dunkles Umfeld geboren. Wenn sie an ihrem Drama nicht zerbrochen sind, können sie später zu fähigen Therapeuten und Beratern werden. Sie begreifen und lernen damit umzugehen, dass sie nicht nur in das Feld des Gegenübers eintauchen können, sondern auch Einblicke in die Gedanken, Charaktereigenschaften und das Lebensbuch der Person bekommen. Sie verstehen dann auch, dass sie Zugang zu ganz tiefen und ganz hohen Ebenen des Seins haben. Sie erkennen ihre eigene Verbundenheit mit anderen, unsichtbaren Welten und begreifen, dass sie in einer dauernden Interaktion damit sind.

Wenn du diese Verbindung real spüren kannst, dann bist du eine *Hagazussa*, eine Hexe. Dabei ist egal, ob du ein Mann oder eine Frau bist. Hagazussa ist vom Althochdeutschen hergeleitet und kann so viel bedeuten wie *die, die auf dem Zaune sitzt*. Von da aus kann sie ins Diesseits und ins Jenseits schauen.

Wenn du anfängst, zu forschen und dich selbst zu erkennen, dann wird diese Gabe, die dir einst so viel Unverständnis und Isolation gebracht hat, zu einem goldenen Schlüssel, mit dem du die Herzen und den Verstand der Menschen öffnest. Damit du effizient therapeutisch arbeiten kannst, ist es wichtig, deine eigenen Themen immer wieder zu erkennen und daran zu arbeiten. Wenn dir als Therapeut in deiner Praxis ein Thema mehrmals begegnet, dann hast du eine eigene Geschichte damit, die in Resonanz geht. Als verantwortungsbewusster Therapeut hinterfragst du dann deine eigenes Leben und löst das entsprechende Thema. Dann kannst du wieder Fachperson und Experte für die betreffenden Fragen sein. Du bist ein guter Therapeut, wenn du immer wieder selbst deine eigenen weiteren Schritte machst. Und sei dir gewiss, egal was du tust, wenn du dich darauf ausrichtest, wirst du immer Unterstützung und Hilfe für deinen Fortschritt finden. Ein chinesisches Sprichwort sagt: *Wenn der Schüler bereit ist, findet er den Meister.*

Märtyrer und Rebellen

Menschen, welche innere Kräfte aufgebaut haben, besitzen Charisma. Damit haben sie eine besondere Ausstrahlung und fühlen sich meist berufen, etwas Außergewöhnliches zu tun. Mit dieser Berufung können sie Einfluss auf ihre Mitwelt ausüben. Sie können ihr Charisma in reiner Absicht ausdrücken oder dem Ego damit dienen, indem sie Rollen, wie die des Märtyrers oder des Rebellen übernehmen. Beide gelten als etwas Besonderes. Dieser Wunsch, besonders zu sein kann sie dazu bringen, sich über andere Menschen zu erheben. Dabei kann es geschehen, dass sie sich für eine Überzeugung oder eine Rolle völlig aufopfern.

Märtyrer findet man vorzugsweise in helfenden Berufen. Sie glauben, dass die allumfassende, göttliche Weisheit nicht fähig ist, selbst allen Menschen zu helfen. Unter dem Deckmantel der Güte beginnen sie, Menschen nach ihrem Willen zu beeinflussen. Sie mischen sich ungefragt in fremde Leben ein und übernehmen damit Verantwortung, die nicht zu ihnen gehört. Damit überlasten sie ihr System und werden zum ausgebrannten Heiler oder Arzt. Die große Herausforderung für eine hoch entwickelte Seele ist es, zu erkennen, dass sie mit zu viel Empathie und radikaler Selbstaufgabe dem dunklen Aspekt des Egos dient.

Rebellen stehen in einem offenen Konflikt zu jeder Form von Autorität. Auf höchster, kosmischer Ebene haben sie denselben Konflikt wie die Märtyrer. Für beide gibt es nur eine Kraft, ihre eigene Kraft, mit der sie Macht über andere ausüben. Damit begehen sie Übergriffe in die Unversehrtheit und Selbstbestimmung eines anderen Wesens und übertreten Grenzen in einen heiligen Raum.

Märtyrer sterben vielleicht an Überlastung und Verblendung. Rebellen sterben nicht selten durch ihre eigene Hand, als Selbstmordattentäter.

Hoch entwickelte Seelen, welche einen langen Reifeprozess hinter sich haben, findet man eher in der Rolle des Märtyrers als in der Rolle des Rebellen. Wenn sie ihr eigenes Muster erkennen, sind sie am wichtigsten Punkt des Erlösungsweges ihrer Seele angekommen. Sie stellen dann ihren Dienst unter die göttliche Führung und werden so zum angeleiteten Führer und Heiler. Wenn ein Mensch nicht mehr beweisen will, was er alles kann, beginnt sich sein ganzes Potenzial zu entfalten. Er ist dann nur noch Vermittler zwischen Himmel und Erde. Er übergibt als Sekretär die Akte dem Chef. Damit entlastet er sich von fremder Verantwortung, ohne dass sein Beitrag geschmälert ist.

Chuck Spezzano, der große Mentor und Lehrer, hat mit seinen Ausführungen zur *Introjektion* für viele dieser reifen Seelen das Bewusstsein für den ultimativen Durchbruch in die Freiheit und in die Heilung dieses Musters des Märtyrers gebracht. Er schreibt dazu:

„Wusstest du, dass du in eine der gefährlichsten Fallen geraten bist, wenn du versuchst, anderen zu helfen, indem du ihr Leid übernimmst? Introjektion nennt man die psychische Fähigkeit, die Not anderer aufzunehmen, zu „schlucken", bzw. sich damit zu „infizieren", also psychische Inhalte zu übertragen. Es ist nur dann eine erfolgreiche Methode zur Heilung, falls du über genügend psychische Kräfte verfügst, dich vom Leid, das du auf dich nimmst, auch wieder zu befreien. Im Allgemeinen gilt, dass du den Schmerz anderer, den du in dich aufgenommen hast, weiterträgst, als ob er dein eigener wäre. Und er wiegt noch schwerer; da es nämlich nicht deine eigene Not ist, kann eine konventionelle Psychotherapie diese Introjektion nicht wirklich heilen. Sie mag sie zeitweise zum Verschwinden bringen, doch sie wird immer wieder auftauchen.
Um dich von dieser Art von Leid zu befreien, musst du erkennen, wie viel du davon aufgenommen hast, von deiner Kindheit bis heute. Dann musst du loslassen. Gib den Schluckmechanismus in Gottes Hände, gib Gott Seinen Job zurück. Stell dann deine natürliche psychische Heilgabe (die nötig war, als du den Schmerz geschluckt hast), unter die Führung deines höheren Geistes, damit sie nicht von deinem Ego missbraucht werden kann.
Alles, was du durch Introjektion geschafft hast, hätte durch Gnade erreicht werden können, ohne jede Notwendigkeit, dein Wohlbefinden zu opfern.

Introjektion ist eine Strategie deines Egos, sie kann nur aufrecht erhaltenwerden, wenn sie nicht entdeckt und offenbar wird. In der Vergangenheit war diese Form von Opfer vielleicht deine einzige Methode, anderen zu helfen. Jetzt aber kannst du eine leichtere und wirksamere erlernen, um dich in deiner Umwelt einzubringen und zu helfen.
Introjektion ist missbrauchtes Mitgefühl, ein Mitgefühl, das zu Mitleid verzerrt wurde. Es erzeugt einen Zustand der Verwirrung und verschwommener Angrenzung und niemals wahre Bindung der Menschen untereinander.
Chuck & Lency Spezzano, Das ABC der glücklichen Beziehungen, 2007, Heyne Verlag S.154–155

Wenn du dich in dieser Geschichte der Introjektion wieder erkennst, dann hast oder hattest du diesen Konkurrenzkonflikt mit Gott. Dieser ist nicht so offensichtlich zu erkennen wie bei der Rebellen-Geschichte. Der Rebell akzeptiert gar keine andere Autorität als seine eigene. Er macht sich die eigene Welt, so wie sie ihm gefällt. Die Kinder lieben die Geschichte von Pippi Langstrumpf gerade deshalb, weil es eine Rebellengeschichte ist. Vater und Mutter sind weg. Pippi hat sie aus ihrer Lebensgeschichte gestrichen. Die kleine Pippi ist ihr eigener Chef.

Menschen mit einer Introjektionsgeschichte sind die stillen, angepassten Märtyrer, die überzeugt davon sind, die Lasten der anderen tragen zu müssen. Oft findet man sie in therapeutischen Berufen.

Therapeuten, welche ihre Introjektions-Geschichte aufgelöst haben, erkennst du daran, dass sie ihre Arbeit auf Augenhöhe mit ihren Klienten, mit Leichtigkeit und Freude ausführen.

Medialität – Schatten und Licht

Mit der Gabe der außersinnlichen Wahrnehmung ist es möglich, sich in andere Menschen hineinzuversetzen. Die Gabe des „Zweiten Gesichts" bedeutet auch, dass du Informationen aus anderen Zeitlinien oder unsichtbaren Dimensionen abrufen kannst. Dieses Ausdehnen des Bewusstseins geschieht über eine Freisetzung neuer DNS-Anteile. Mediale Menschen hatten zu allen Zeiten eine Art Sonderstatus. Sie wurden von den mächtigen Herrschern der Welt konsultiert, um die Zukunft zu deuten. Das Wissen über Astrologie, Numerologie, Orakel-Karten und andere Geheimlehren gehört zur Grundausrüstung eines Mediums. Medien sind oft Gelehrte und durchlaufen einen Einweihungsprozess. Dabei entscheiden sie unbewusst selbst, mit welchen Feldern sie grundsätzlich zusammenarbeiten werden. Diese sind immer in Resonanz mit ihrer eigenen Ausrichtung. Das ist ein göttlich-geistiges Gesetz.

Ein Mensch, der in Ego-Mustern gefangen ist, wird seine Gabe zur Manipulation verwenden. Er wird sich Anhängerschaft aufbauen, um so von der Energie und auch vom Geld und der Energie der Menschen die ihm folgen zu profitieren. Mediale Menschen, welche sich auf tiefschwingende Ebenen eingeklinkt haben, erkennst du daran, dass sie vehement „das Böse" bekämpfen. Sie projizieren ihre eigenen Schatten nach aussen, auf ihre Mitmenschen, um sich so in ein gutes Licht zu stellen. Damit werden diese medial begabten Menschen interessant für die Felder der Blendung und der Täuschung. Diese beginnen, ihre „Mitarbeiter" zu instrumentalisieren und benutzen insbesondere das Muster der Konkurrenz, um ihnen vorerst über einen längeren Zeitraum viel Erfolg zu verschaffen. Wenn sich der Mensch dann an seine Macht, sein Geld und seinen Einfluss gewöhnt hat, wird er von den Wesen der entsprechenden Ebene nur so lange unterstützt, wie er auch seine Leistung bringt.

Falls er nachlässt oder sich verändern will wird er fallen gelassen und kann in eine große, innere Isolation geraten. Leider sind solche Menschen, wenn sie Hilfe suchen, unbewusst sehr resistent gegen Lösungsvorschläge, weil sie indoktriniert und energetisch stark gebunden sind.

Ein Medium zu sein sagt nichts aus über die Absichten, die du mit deiner Gabe verfolgst. Das Wort Medium bedeutet einfach „Vermittler". Als Medium kannst du zwischen verschiedenen Welten und unterschiedlichen Seins-Ebenen vermitteln. Wie du die Gabe der Hellsicht und deiner Medialität anwendest, hängt davon ab, in welche Dienste du sie stellst.

Als Medium brauchst du immer wieder Selbstreflexion, um herauszufinden mit welcher Motivation du arbeitest. Je weiter du dich als hellsichtiger Mensch entwickelst, umso härter werden die Prüfungen, welche zu deiner reinen Absicht hinzu gestellt werden.

Die Versuchungen sind groß über diese Gabe zu persönlicher Macht und Ansehen zu kommen. Dieser Anspruch gehört schwingungsmäßig auf die tiefen Ebenen der 2- und 3D-Realität. Menschen, die ihre mediale Anlage in ihrer aktuellen Inkarnation leben, vertreten nur eine Facette des ganzen Spektrums. Grundsätzlich sind alle Menschen medial und werden diese DNS-Erweiterung entwickeln. Menschen, die ihre mediale Begabung leben, brauchen eine gute Erdung, damit sie sich nicht in den Fallen der Illusion, der Irrealität oder der Blendung verfangen.

Die Blendung

Wenn du geblendet bist, kannst du nichts mehr mit deinen Augen erkennen. Blendung hat eine rein physiologische Wirkung, sie verhindert die Funktion der Augen als Sinnesorgane. Das Wort Blendung oder Verblendung wird aber auch im psychologischen und spirituellen Zusammenhang verwendet.

Blenden heißt vom Ursprung her „blind machen". Das Blenden war im Mittelalter eine drakonische Maßnahme, um die Menschen um ihr Augenlicht zu bringen. Wer in direktes Licht oder ungeschützt in das Sonnenlicht schaut, wird geblendet.

Es gibt in der psychologischen und religiösen Literatur den Ausdruck, *vom Blitz getroffen zu werden.* Dies weist auf ein plötzliches, unerwartetes Ereignis hin. Im positiven Fall kann es eine spontane Erleuchtung bedeuten, so wie es Buddha nach vielen Prüfungen und langer Zeit in tiefer Meditation geschah. Es kann aber auch ein plötzlicher Verlust der Wahrnehmung, des Sehens, sein, so wie es die biblische Geschichte des babylonischen Königs Nebukadnezar beschreibt. Dieser war absolut überheblich gegen Gott und die Menschen und verfiel dem Wahnsinn. *Ahriman,* der Verführer der Seelen, benutzt das Mittel der Blendung. Sein Wirken wird in der anthroposophischen Literatur eingehend beschrieben.

Rudolf Josef Lorenz Steiner, der Begründer der modernen Anthroposophie, wurde im Jahre 1861 in Kraljevec, im damaligen Königreich Ungarn, heute Kroatien, geboren. Seine Weltanschauung, die er *Anthroposophie* nennt, entstand in ihm durch hellseherische Einblicke, die er hinter die materielle, sichtbare Welt machen konnte. Er nannte diese Bereiche „die Höheren Welten". Daraus schöpfte er seine Farbenlehre und entwickelte eigene Konzepte für Waldorfpädagogik, anthroposophische Medizin und Architektur, für Eurythmie und biologisch-dynamische Landwirtschaft.

Sein Wissen schöpfte er unter anderem aus den geheimen Publikationen der Theosophischen Gesellschaft, welche zu einem großen Teil von der, in Russland geborenen, hellsichtigen Helena Blavatsky (1831 bis 1891) medial übermittelt und aufgeschrieben wurden. Helena Blavatsky wurde in das Wesen und Wirken der spirituellen Hierarchien, der Engel und der Bruderschaften eingeweiht.

Diese Einweihungen gaben Rudolf Steiner die Möglichkeit, seine eigene Lehre zu vervollständigen.

Er beschreibt in seinen Werken astrologische Zusammenhänge und Auswirkung der Planten auf den Menschen. 1939 erschien sein Buch über die *Akasha-Chronik*. Nach der theosophischen Lehre sind in der Akasha-Chronik die Aufzeichnungen des gesamten planetaren Schicksals der Erde und auch der persönlichen Inkarnationen eines jeden Menschen niedergeschrieben. In der indischen Tradition gibt es Palmblatt-Bibliotheken. Diese wurden bereits vor Tausenden von Jahren geschrieben. Es heißt, dass die *Rishis*, die hinduistischen Seher und mythischen Weisen, spirituelle Kräfte haben, um in der kosmischen Akasha-Chronik zu lesen. Aussagen zum persönlichen Leben und zum Weltgeschehe, sind auch heute, für den modernen Menschen, äußerst beeindruckend.

Rudolf Steiner sagt zu dem Thema der Blendung:

„Es ist heute mit Sicherheit genauso notwendig, das Wesen des Bösen klar zu erkennen, wie es notwendig ist, einen Weg zu dem Licht zu finden. Ahriman inspiriert uns, unsere tierische Natur hemmungslos auszuleben, die Bequemlichkeit zu suchen und die technische Entwicklung so zu lenken, dass der Mensch immer mehr zum genüsslichen Zuschauer wird und selbst gar nicht mehr aktiv in die Geschehnisse eingreifen möchte. So zeigt sich Ahrimans Macht in vielen Dingen, die uns heute beherrschen und zwingen und dennoch so stark dem Bewusstsein entzogen sind, dass man es kaum bemerkt."
Rudolf Lorenz Steiner (1861–1925)

Dieser Text aus Rudolf Steiners Werk ist in der heutigen Zeit, im Jahre 2020, aktueller denn je. Steiner unterscheidet das bewusst

Böse (Satan) mit den subtil ablaufenden Verführungen und Blendungen durch Diabolo, dem ahrimanischen Prinzip.

Die Menschheit ist an einem Punkt angelangt, wo sie sich zu einem virtuellen, von Süchten geprägten Leben, hat verleiten lassen. Vor dem globalen Zusammenbruch, der Anfang des Jahres 2020 begonnen hat, war die gesamte Welt in einem Horrorfilm der totalen Zerstörung, Gier, Manipulation und Eingriffen in die Natur gefangen. Gen-Manipulationen an Menschen und Tieren, perverse Menschenversuche und blutige Rituale waren an der Tagesordnung. Aktuell werden jeden Tag Satelliten in das Weltall geschossen, um die Menschen digital zu vernetzen und sie einer totalen Kontrolle zu unterwerfen. Geld regiert die Welt, es werden Zwangsimpfungen geplant, um die Menschheit zu dezimieren. Es soll eine Zweischichten-Gesellschaft, eine neue Weltordnung geben: die Elite und ihre Sklaven.

Der Ausgang dieses Zusammenbruchs, der auch von spirituell orientierten Menschen sehnlich erwartet wurde, ist noch nicht klar. Es wird auf alle Fälle eine Bereinigung und Neuordnung der Gesellschaft geben. In dieser Zeit des totalen Chaos ist entscheidend, wie stark die innere Mitte und die Rückverbindung zu den persönlichen spirituellen Wurzeln und zu den eigenen inneren Quellen ist. Wer das einfache Leben, die Natur, die Beziehungen zu Freunden und Tieren schätzen kann, hat es leichter.

Wer abhängig ist, auf welche Weise und von was auch immer, erlebt in dieser Zeit Verwirrung, Panik und Todesangst.

Es gibt aktuell zwei Strömungen, die völlig gegensätzliche Ziele vertreten. Auf der einen Seite stehen die Machthaber der alten Welt, die sogenannte Elite. Sie waren bis dahin im Besitz von über 90% des gesamten Geldes, der globalen Organisationen und der Großkonzerne. Sie lebten nach dem Motto: *Wir wollen mehr, wir wollen alles*!

Sie wollen nicht nur die materiellen Werte für sich. Ihnen fehlt sozusagen die Unschuld. Deshalb trachten sie auch nach den Seelen, dem Licht und den Emotionen der Menschen. Für sie wird es immer unmöglicher, sich in der neuen, erhöhten Frequenz der Erde zu halten, weil sie selbst als Energiewesen sehr tief schwingen. Sie verlieren gerade ihren Einfluss auf unserem Planeten und kämpfen mit dunkelsten Mitteln, um, weiter bestehen zu können. Ihre Helfer und Unterstützer sind unter Politikern, geistigen Würdeträgern, Mitgliedern der Hochfinanz und im Umfeld der Königshäuser der ganzen Welt zu finden.

Wer die royalen Ereignisse mitverfolgt, kann seit dem inszenierten Unfalltod der englischen Prinzessin, Lady Diana, im Jahre 1997, ein kontinuierliches Zerbröckeln der Macht dieser Königshäuser feststellen.

Die Mitglieder der Königshäuser, die alle zusammen in verwandtschaftlicher Beziehung stehen, entstammen den 13 Blutlinien der sogenannten satanischen Elite. Doch selbst die Regenten und Könige sind nur Marionetten im Spiel der dunklen Drahtzieher, deren Ziel es ist, die menschliche Gesellschaft entweder total zu kontrollieren und zu unterwerfen oder die Lebensgrundlage aller zu zerstören. Auf der anderen Seite stehen Menschen, die sich ein achtsames Miteinander in einer positiv veränderten Welt wünschen.

Es gibt okkulte Gesellschaften und geheime Oligarchien. Der griechische Philosoph Plato erklärt Oligarchie mit der gesetzlosen Herrschaft der Reichen und Aristokraten, die nur an ihrem Eigennutz interessiert sind. Ihnen zur Seite stehen einflussreiche Familien aus Politik, Wirtschaft und Kirchen. Auch die großen internationalen Organisationen werden allesamt von diesen Leuten finanziell unterstützt und müssen dafür die vorgegebene Ziele ausführen. Zur aktuellen Zeit, im Jahr 2020, kommen täglich neue Verstrickungen, Missbrauch, Ausbeutung und Manipulationen solcher Organisationen, etwa beispielsweise der WHO ans Tageslicht.

Gerade in diesen Tagen des Jahres 2020 hat der amtierende amerikanische Präsident, Donald Trump, der WHO die Gelder seines Landes entzogen.

Der Plan der Elite ist die Reduktion der Weltbevölkerung mittels biologischer, chemischer und atomarer Waffen. Aktuell haben sie es mit Hilfe von Politikern und sogenannten Qualitätsmedien geschafft, eine Pandemie zu inszenieren, die viele Leute in Todesangst versetzt. Zu Beginn dieses vermeintlichen Krankheitsausbruchs gelang es ihnen, erstaunliche viele Menschen in eine irreale Panik zu versetzen.

Das Blatt wird sich aber bald wenden. Das neue Zeitalter bricht an und ist nicht aufzuhalten. Gerade unter diesem Druck gibt es auch vermehrt Menschen, die erwachen und beginnen, die Ereignisse zu hinterfragen. Was die dunklen Machthaber inszenieren ist täglich besser zu durchschauen. Wie steht es geschrieben? *Wer Augen hat zu sehen, der sehe.* Dazu kommt ein Rat aus der geistigen Welt: Schreibt auf einen Zettel oder eine Etikette, die ihr gut sichtbar anbringt, den Satz *I can see clearly now!* Ich kann jetzt klar sehen!

Die Räder der Zeit drehen sich völlig außer Kontrolle. Mit jedem Tag wächst dein Bewusstsein und du erkennst, dass deine Gedanken und die innere Ausrichtung schöpferische Kräfte sind. Du bleibst aber weiterhin in der Polarität und musst dich entscheiden, welcher Seite du dienen willst. Bis zur siebten Dimension bleiben die polaren Kräfte erhalten. Erst mit der Rückkehr in die Einheit geschieht die Verschmelzung der ursprünglichen Essenz deiner Seele mit dem göttlichen Ursprung.

Menschen, die Ahriman verfallen sind, können das Prinzip der Projektion nicht mehr erkennen. Sie schauen in den Spiegel der Mitmenschen, sehen das Dunkle und verstehen nicht, dass es ihr eigenes Bildnis ist. Sie glauben von sich, dass sie, gleißendes, gottähnliches Licht sind. Sie nehmen sich nur noch lichtvoll, göttlich und erhaben über jegliche Dunkelheit wahr. Diesen Zustand nennt man Hybris, was so viel heißt wie spirituelle Verblendung und Überheblichkeit auf der Kosmischen Ebene. Hier setzt dann das luziferische Prinzip der Trennung ein. Anstatt dieses Licht, in dem sie sich sehen, bedingungslos zu geben, beginnen sie damit gegen die dunklen Kräfte und gegen die andern zu kämpfen, ohne zu erkennen, dass es der eigene Schatten ist, den sie besiegen möchten

Kennst du die Geschichte, der Versuchung in der Wüste? Die Bibel ist ein Fundus an metaphorischen Geschichten, die uns den Weg weisen.

Jesus war vierzig Tage in der Wüste und hatte Hunger. Da kam der Teufel und sagte: „Wenn du wirklich Gottes Sohn bist, dann befiehl den Steinen, dass sie zu Brot werden." Jesus antwortete: „Der Mensch lebt nicht vom Brot allein, er lebt auch aus dem Geist und von jedem Wort, das er erkennt." Darauf nahm ihn der Teufel mit, in die Heilige Stadt und stellte ihn hoch oben auf den Tempel. Der Teufel sagte zu ihm: „Wenn du wirklich Gottes Sohn bist, dann stürze dich hinunter. Es steht geschrieben, die Engel werden dich tragen, damit du dich nicht stößt an einem Stein." Jesus antwortete: „Es steht auch geschrieben, du sollst den Herrn, Deinen Gott, nicht auf die Probe stellen." Wieder nahm ihn der Teufel mit und führte ihn auf einen hohen Berg. Er zeigte ihm alle Orte der Welt, mit ihrer ganzen Pracht und allem Reichtum und sagte zu ihm: „Das alles will ich dir geben, wenn du dich vor mir niederwirfst und mich anbetest." Da sagte Jesus zu ihm: „Weiche von mir, Satan! Es steht geschrieben, du sollst nur dem einen Allmächtigen Gott dienen." (Markus 1,12)

Eine ähnliche Geschichte gibt es auch im Buddhismus. Buddha hatte viele Versuchungen erlebt. Er saß unter einem Bodhi-Baum als er nach langer Zeit des Rückzugs, tiefer Mediation und schwerer Prüfungen erleuchtet wurde.

Satan ist relativ einfach zu durchschauen, weil er seine Absicht und sein Wirken klar zeigt. Das Wirken der ahrimanischen Kräfte ist subtiler. Es entfaltet sich mehr auf der unbewussten, persönlichen Ebene der einzelnen Menschen und hat großen Einfluss auf das Kollektiv. Diese Kräfte sind sehr manipulativ und verführerisch. Sie bauen auf den Egomustern der Trennung auf und dringen unerkannt, immer tiefer, Schicht für Schicht, in die Aura der Menschen ein. Die bedeutendste Andockstelle beim Menschen findet sich in den Bereichen von Gier, Status, Einflussnahme, Manipulation und der Sucht nach Anerkennung.

Jeanne Ruland ist eine Eingeweihte der heutigen Zeit. Sie hat viele spirituelle Werke verfasst. In der Erstausgabe ihres Kartendecks mit Buchbeilage, beschreibt sie das Wirken von Ahriman sehr genau. Leider wurden diese Karte und die Beschreibung dazu später in den Neuauflagen ihrer Werke entfernt. Das passt gut zur ahrimanischen Kraft, die sich nicht gerne offen zeigt und in die „Karten“ blicken lässt.

AHRIMAN

Verblendung, Trägheit, Manipulation

Bin hier, bin da, bin überall.
Blende dich mit meinem Licht.
Verführe Dich!
Lege die Spur tiefer und dichter
In die Welt der Materie.
Komm und folge mir,
denn ich kenne dich und trage dein Glück
vor dir her.
Richte deinen Blick nach Außen,
schaffe immer neuere Illusionen.
Glänzender, besser, schöner, schneller.
Erzähle dir vom Glück,
das du findest,
mit dem und mit jenem.
Du brauchst sehr viel.
Und das ist nicht genug!
Ohne all das, ist dein Leben nichts.
Folge mir!
Schritt für Schritt, sanft und heimlich,
pflücke ich die Schichten deiner Seele,
bis sie in meinem Licht erstrahlt.
Dann gehörst du ganz mir und merkst es nicht.
Wenn du mir folgst, so wird es eines Tages so sein.

Worauf es Ahriman anlegt, ist es deine wahre Kraft zu binden, Stück für Stück. Er will dich blass und klein wirken lassen im Schein der Welt. Sein Ziel ist es, dir Langeweile und Sinnlosigkeit zu vermitteln um dich aus der Mitte deiner Kraft, in einen luftleeren Raum zu katapultieren. Er will deinen Blick stets auf die äußere Welt gerichtet halten, um in dir Gefühle von Neid, Ohnmacht, Sinnlosigkeit, Mangelgefühle,

Gereiztheit und Energieverlust zu erzeugen. Erkenne diese Macht und banne sie, Schritt um Schritt. Ahriman ist immer da, still und leise. Er flüstert dir ins Ohr:
„Du brauchst noch dies und jenes, sonst fehlt dir ein Stück zum Lebensglück. Schau mal hier, schau mal dort, die anderen haben es besser als du. Dir fehlt noch so viel zu deinem Glück. Wenn du dies und jenes hast, dann kommst du der ganzen Sache schon näher. Ja, bemühe dich darum. Konzentriere dich mit deiner ganzen Aufmerksamkeit darauf, dieses und das zu leisten. Du brauchst das, sonst wirst du unter keinen Umständen glücklich sein. Ja, halte fest, mehr und mehr. Klammere dich an, ich führe dich. Das Leben hat sonst keine Bedeutung. Glück liegt im Besitz. Wenn du wirklich glücklich sein willst, dann kaufe, kaufe, konsumiere. Lebe, tanze, lass dich verführen, bis du umfällst. – Und dann bist du MEIN.
Jeanne Ruland, Die lichte Kraft der Engel, Schirner Verlag 2001 Seite 277–279

Das Prinzip von Ahriman hat, in der Zeit des zu Ende gehenden Zeitalters der Zerstörung die Welt beherrscht. Nun bröckelt sein Einfluss, denn das neue Christus-Bewusstsein breitet sich immer mehr aus und macht diese ahrimanischen Täuschungen sichtbar.

Wesen in der 5. Dimension verfügen alle über eine erweiterte Wahrnehmung und über die Gabe, bewusst zu entscheiden, welcher Seite sie dienen. Die Dualität, das heißt das sich wiederholende Hin- und Herschwingen des Pendels, ist beendet. Die Polarität zeigt sich ganz klar in der Entscheidung, welcher Seite du dienen willst, der Seite des Lichts oder der Seite der Dunkelheit. Es gibt da kein „Jein" oder „vielleicht" mehr. Täuschungen können leicht durchschaut werden. Die Polarität von Licht und Dunkel besteht weiterhin bis zur höchsten Ebene, da wo die die Urtrennung angefangen hat und sich das Licht (Christus) von der Dunkelheit (Luzifer) getrennt hat. Erst auf dieser Ebene kann die Einheit wieder hergestellt werden. Interessanterweise bedeutet der Name Luzifer „Lichtbringer".

Das Ende des Kali-Yugas

Die Planetenkonstellation der *Harmonischen Konvergenz*, im Jahr 1987, war ein Zeichen dafür, dass der Aufstieg der Erde möglich sein wird. Später im Buch erkläre ich dir die astronomischen Zusammenhänge. Die Frequenz erhöht sich seit diesem Zeitpunkt unablässig. Forscher fanden heraus, dass die Grundfrequenz der Erde, die *Schumann-Resonanz* ab diesem Zeitpunkt von Obertönen und Schwingungen begleitet wird, die bis dahin noch nie gemessen wurden. Aktuell werden immer mehr Ausfälle bei den Messgeräten beobachtet, weil sich die Schwingungen überlappen oder aussergewöhnliche Muster zeigen.

Wenn du mit diesen neuen Frequenz mitgehst, mit ihnen spielst und tanzt, erlebst du etwas sehr Eindrückliches. Die Zeit verliert an Bedeutung, es ist wie bei den Speichen der Räder in den Filmen. Wenn sie sich zu schnell drehen, wechseln sie optisch plötzlich ihre Drehrichtung und das Fahrzeug scheint rückwärts zu fahren. Mit dieser Entschleunigung kommst du in eine nie erlebte Freiheit. Du handelst aus dem Hier und Jetzt, ganz flexibel und der Stress deines früheren Lebens ist nicht mehr da. Du hast für alles genügend Zeit, weil du in deiner eigenen Mitte,, angekommen bist. Du tust dann alles mit Achtsamkeit und Präsenz. Wenn du eine Karotte schälst, bist du innerlich ganz bei dieser Arbeit. Du denkst nicht daran, was du sonst noch tun solltest, weil du weißt, dass du immer angeleitet wirst aus deinem eigenen Inneren, wann der richtige Zeitpunkt dafür ist, etwas zu tun. Dieser Zustand öffnet dir völlig neue Räume für Kreativität, Freude und innere Freiheit. Damit fällt die Zeit quasi in sich selbst zusammen. Das bewirkt, dass ein Monat vorbeigeht als wäre es eine Woche und eine Woche als wäre sie ein Tag. Die Zeit kann sich ebenfalls ausdehnen und wieder beschleunigen, gerade so, wie du es brauchst. Deine Welt ist damit nicht mehr die, die sie früher war. Damit kommst du in deine eigene Meisterschaft.

Dieser Anstieg der Frequenz und die Veränderungen des Raum-Zeit-Gefüges betreffen alle Wesen gleichermaßen.

In einigen Menschen löst das große Unsicherheit, Stress und Panik aus. Es ist ihnen nicht mehr möglich, die Übersicht über sich und das laufende Geschehen zu behalten. Kontrolle zu verlieren ist die tiefste Angst des konditionierten Menschen. Kontrolle und Perfektion sind aber eine große Illusion. Sie beziehen sich auf ein ganz kleines, begrenztes Fenster, durch das du hindurch schaust. Wenn du deinen Kopf herausstreckst, siehst du die Weite und erkennst eine Vollkommenheit, die nichts anderes braucht als deine Achtsamkeit. Damit erwachst du in deinem höheren Bewusstsein.

Mit Kali-Yuga wird das Zeitalter der Zerstörung bezeichnet. Es soll insgesamt 432.000 Jahre angedauert haben. Es wird in vier Zyklen und mehrere Unterzyklen eingeteilt. Die Beschreibung von unterschiedlichen Zeitaltern, welche die Welt leiten, stammt aus dem Sanskrit. Sanskrit heißt vom Ursprung her „zusammengesetzt, geschmückt, gebildet." Es ist eine Sammlung von religiösen, mündlichen Überlieferungen aus dem altindischen Hinduismus. Die Berechnung der Yugas ist komplex. Armin Risi, der Schweizer Autor, Gelehrte und Kundige der Veden, hat dazu hochwissenschaftlich fundierte Bücher verfasst. In seinen Ausführungen schreibt er:

„An der Wintersonnenwende des Jahres 2012 geht nicht die Welt unter und auch die „Zeit" hört nicht auf, sondern es beginnt ein neuer Zyklus. Alle Mächte, die ihre Macht und Existenz auf Lügen und Täuschungen aufgebaut haben, werden dann nicht mehr vorhanden sein."
Quelle, Webseite: armin-risi.ch

Mit dem Abschluss des Jahres 2012 geschah eine Umkehr. Die Erde hatte die größte Entfernung zu Alkyone, der Zentralsonne der Plejaden, erreicht. Es war der Punkt der Umkehr nach 13.000 Jahren.

Tatsächlich waren die Tagezwischen der Wintersonnenwende 2012 und dem Beginn des neuen Jahres 2013 von einer besonderen Energie geprägt. Viele Menschen fühlten in ihrem Inneren einen Raum von Frieden und Ruhe. Es gab auch Weltmeditationen. Ein Lichtnetz wurde tief in der Erde installiert. Menschen, die dafür geschult wurden, halten das Netz an verschiedenen Positionen. So sieht das Innere der Erde jetzt aus – wie ein Abbild des Sternenhimmels.

Dies ist der Beginn des sogenannten *Satya-Yugas*, des Zeitalters der Wahrheit.

Mit der Zeit zwischen der Wintersonnenwende 2012 und dem neuen Jahr manifestierte sich ein neutraler Moment, der sich wie ein innerlicher Stillstand anfühlte. Es war der Beginn der Geburt der neuen Erde und des goldenen Zeitalters. Die lange Zeit der Vorwehen war vorbei, die Presswehen setzten ein. Sie dauerten sieben Jahre, bis zum Jahr 2020. Die Presswehen leiten bei der Geburt immer die Austrittsphase des Neuen (Kindes) ein.

Im Januar 2020 manifestierten sich außergewöhnliche astrologische Konstellationen zwischen den Planeten Pluto, Uranus und Jupiter.

Diese Konstellationen symbolisierten das Neue, aber auch die Schmerzen, welche damit verbunden sind. Der Wandel wird sichtbar. Am 27. März 2020 wurde der Komet Neowise von einer Raumstation, die ihm auch seinen Namen gab, entdeckt. Sein Erscheinen war überraschend, wurde für dieses Jahr doch keine nennenswerten Kometen erwartet. Das Erscheinen von Kometen künden, aus spiritueller Sicht, große Veränderungen an.

Im März des Jahres 2020 wurde ein Lockdown ausgerufen. Die Menschen wurden weltweit per Gesetz in ihren Häusern eingeschlossen. Seit diesem Zeitpunkt erlebst du den totalen Zusammenbruch der gesamten Weltwirtschaft. Der Zustand auf der Erde wird immer chaotischer und irrealer. Vieles kommt ans Tageslicht. Der Kampf der Dunkelkräfte gegen das Licht wird härter und gnadenloser. Lügengebäude und Täuschung werden sichtbar und stürzen ein. Nichts bleibt wie es war. Genau so unberechenbar und nicht vorhersehbar läuft es in der Zeit des totalen Umbruchs auch in den persönlichen und öffentlichen Bereichen ab.

Wer klar sehen kann, wunderte sich über Täuschungen und Fehlinformationen, die noch immer unter die Menschen gebracht werden. Viele dieser Machenschaften „fliegen" aber auch auf und werden in der Öffentlichkeit publik. Parallel zu dieser Entwicklung gibt es eine große Bewusstseinserweiterung unter den Menschen.

Diese dunklen Phasen der Zeit, in der eine tiefgreifende Transformation stattfindet, sind eine Herausforderung für jede inkarnierte Seele.

Alles, was sich manifestiert, wird zuerst im Geist geboren. Deshalb dauert das Sichtbarwerden von Veränderungen seine Zeit. Für solche gewaltigen, epochalen Umbrüche gibt es kein *schnell* im materiellen Sinn. Es ist ein fortwährender Prozess, der sich folgerichtig entwickelt und nach und nach sichtbar wird.

Diese Zeit gibt dir eine einmalige Chance. Es geht darum zu lernen, ganz im Moment zu sein. Im Hier und Jetzt. Feste Programme und Strukturen, welche die Ereignisse kontrollierbar machen sollten, greifen nicht mehr. Flexibilität und Loslassen sind die Zauberworte für ein Leben in mehr Leichtigkeit und Freude. Alles, was du bist und fühlst, kommt aus deinem eigenen Innern. Diese Zeit des Umbruchs fordert dich auf, den Frieden und die Ruhe in dir selbst zu finden. Sie fordert von dir, deine Gedanken bei dir zu haben, nicht abzuschweifen und dich in Überzeugungen und Problemen anderer Leute zu verlieren. Dies ist nicht etwa egoistisch, sondern bedeutet nur, dass du Kontakt zu deiner eigenen inneren Führung herstellst.

In dieser Zeit werden neue Türen geöffnet und du kannst den Zugang zu deinen eigenen, inneren Quellen finden. Freue dich auf das neue und klare authentische Sein in der neuen Bewusstseinsdimension.

Gegenkräfte

Ich bin ein Teil von jener Kraft,
die stets das Böse will
und stets das Gute schafft.
Johann Wolfgang von Goethe, Faust, 1808

Es gab schon immer Gegenkräfte. Der berechnende Mephisto und das naive Gretchen sind archetypische Figuren. In Beziehungen zu wirken ist interessant für die dunklen Kräfte. Beziehungen bilden das stärkste Feld überhaupt. In diesem Feld können sich Angst, Konkurrenz, Machtkampf, Spaltung und Trennung so richtig breitmachen und austoben. Wenn Beziehungen geheilt sind, ist die Welt geheilt.

Eine Heilung in der Beziehung zwischen Mann und Frau hat die Welt noch nie erlebt. In keinem Zeitalter gab es ein harmonisches, tolerantes, achtungsvolles Miteinander zwischen den Geschlechtern. Die Vorherrschaft der Frauen, das Matriarchat, und die Vorherrschaft der Männer, das Patriarchat, wechselten sich stets ab. Beide haben dasselbe fertiggebracht; eine scheinbar unaufhaltsame, irreversible Zerstörung der Natur. Für das weibliche Prinzip heißt das, dass es den Bezug zu den Rhythmen der Natur und die Gezeiten des Mondes auf einer unbewussten Ebene verloren hat.

Das kranke, männliche Prinzip ist offensichtlicher zu durchschauen. Kriegstreiber zünden Atombomben, zerstören ganze Länder und behaupten, die Natur sei nicht perfekt. Deshalb werden Neugeborene ab dem ersten Atemzug mit Medikamenten behandelt. Sie bekommen am ersten oder zweiten Lebenstag eine Injektion mit Vitamin K3. Vitamin K3 fördert die Blutgerinnung. Die Ärzte behaupten, die Speicher des kleinen Körpers seien zu wenig mit diesem Stoff gefüllt. Danach geht es weiter mit unzähligen Impfungen. Keine Tiermutter würde so etwas freiwillig zulassen und ihrem Nachwuchs antun. Sie würde sich schützend vor ihre Jungen stellen und den Eindringling in die Flucht jagen. Menschenmütter tun das selten.

Zu Beginn der medizinischen Revolution, die in der Mitte des letzten Jahrtausends begann, glaubte man wirklich, dass Medikamente gesund machen und Impfungen vor Krankheiten bewahren könnten. Die Realität zeigt aber, dass die Menschen und Tiere, vor allem wenn sie prophylaktisch behandelt werden, immer kranker werden, weil ihr Abwehr- und Selbstheilungssystem unterdrückt und inaktiviert wird. Die kurzfristigen Resultate medikamentöser Behandlungen sind und waren beeindruckend. Die Entwicklung von Antibiotika muss sich wie ein Wunder angefühlt haben. Menschen, die in früheren Zeiten an ihren Infekten gestorben wären, konnten diese Krisen, dank dem Einsatz von Antibiotika, zu einem hohen Prozentteil überleben. Der Preis, den diese Medikamente fordern, ist eine starke Resistenzbildung der Erreger gegen die Wirkung von Antibiotika. Aktuell haben praktisch alle grampositiven und gramnegativen biologischen Erreger Resistenzen gebildet. Einzig durch das körpereigene Abwehrsystem und alternative Therapien – wie beispielsweise das Ausleiten von Belastungen und Krankheitserregern mit der Schwingungsmethode der Bioresonanz, oder mit homöopathischen Mitteln –, kann das Überhandnehmen dieser Erreger in Schach gehalten werden. Durch den ungebremsten Einsatz von Antibiotika wird die schulmedizinische Behandlung künftig wieder auf den Stand zurückgeworfen, den sie vor der Entwicklung dieser Medikamente hatte. Doch in der Natur stehen dir nach wie vor alle Mittel zur Verfügung, um deinen Körper gesund zu erhalten und ihn zu stärken.

Es ist zu vernehmen, dass die Wissenschaftler und Forscher der Pharmaindustrie, keine weiteren Gelder in die Erforschung und Neuentwicklung von Antibiotika mehr investieren wollen. Haben sie aufgegeben? Oder wollen sie uns einfach zurücklassen mit dem, was sie angerichtet haben? Erfüllt sich damit die Geschichte von Sodom und Gomorrha? Die Menschen dieser Städte sollen in Sünde gefallen sein. Was bedeutet das? Ursprünglich bezeichnet eine Sünde eine Handlung gegen das göttliche Gesetz. Unter diesem Gesetz versteht man das Kausalitätsprinzip von Ursache und Wirkung. Vergehen gegen die Natur braucht keinen Richter, sie richten sich selbst mit den Folgen dieser Übergriffe. Jeder noch so kleine Eingriff in die Natur zerstört die Entwicklung eines gesunden Lebens.

Vielleicht geschieht die Zerstörung und der damit einhergehender Schmerz aus Boshaftigkeit – wie bei Mephisto, der sich ganz willentlich dem Bösen hingibt. Die Zerstörung in der äußeren Welt ist Ausdruck der Innenwelt-Verschmutzung.

Gretchen ist naiv, sie glaubt an das Gute, ohne sich bewusst zu sein, dass sie in einer dualen Welt lebt. Gretchen glaubt an die Liebe. Sie ist bereit, für diese Liebe alles aufzugeben, und Mephisto zu dienen. Liebe ist ein sehr missbrauchter Begriff. Wahre Liebe entsteht erst aus der Fähigkeit, sich selbst zu lieben und damit die eigene Göttlichkeit zu akzeptieren. Aus dieser Akzeptanz heraus entwickelt sich die reine Liebe zu allen Wesen. Kryon sagt:

„Was auch immer um dich herum geschieht – sorge zuerst für dich selbst. Wenn du im Gleichgewicht bist, wird alles allmählich zu deinem Leben hinzugefügt werden, und der Wandel, um den du gebeten hast, wird stattfinden."
Lee Carroll, Kryon Kartendeck, Koha Verlag 2002

Aus dem neuen Gleichgewicht der vollendeten Liebe heraus erweitert sich der Kreis von Menschen, die ihr Leben in Bewusstsein und Achtsamkeit leben. Diese Menschen sind Hoffnungsträger und Wegbereiter für die kommende Zeit. Sie werden eine andere Welt kreieren und das Weltenschiff in eine neue Richtung lenken. Es ist Zeit für eine Veränderung. Machen wir uns auf, miteinander in ein, goldenes Zeitalter zu gehen!

Astronomische Einflüsse

Alles hat seine Zeit. Das Böse wird weichen und keinen Zutritt haben, an dem neuen Ort, wo ihr jetzt seid. Es ist der Ort, den ihr durch eure Liebe und euer Licht erschaffen habt. Mit eurem Sein habt ihr den Plan vollendet, den Regenbogen zwischen Himmel und Erde zu verbinden.
Eva-Maria Brücker, Februar 2020

Bis zur Jahrtausendwende galten die Bedingungen des Fische-Zeitalters. Wenn du das Zeichen der Fische betrachtest, erkennst du darin die Urtrennung. Es sind zwei Fische, die in eine gegensätzliche Richtung schwimmen.

Die Schwingungsfrequenz der Erde steigt seit der *Harmonischen Konvergenz* im Jahr 1987 stetig an. Eine höhere Frequenz bedeutet, dass eine Erweiterung des Bewusstseins möglich ist. Damit kannst du dich erheben und Stufe um Stufe zurück in das Feld von Einheit und Verbundenheit gehen.

Die Harmonische Konvergenz zeigte die Anordnung der sechs wichtigsten Planeten unseres Sonnensystems in einer Reihe zur Sonne. Dies geschah zwischen dem 16. und 17. August 1987. Astrologen und Mystiker deuteten diese Konstellation als Beginn einer Zeit bis zum Jahr 2012, in der insgesamt 11 Tore in ein neues Bewusstsein geöffnet werden. Jedes dieser Tore hatte dabei ein eigenes Thema auf dem Weg in die neue Realität. Mit jeder Toröffnung kamen immer höher schwingende Frequenzen auf unsere Erde. Die Tore wurden geöffnet, um das Sternenbewusstsein zu aktivieren und das alte Wissen in den Zellen und der DNS zu decodieren. *Die Meisterzahl 11:11* hat spirituell gesehen eine hohe Bedeutung, sie ist ein Synonym dafür, dass zwischen zwei Wegen gewählt werden kann. Wenn alle Tore erfolgreich durchschritten sind, öffnet sich das 12. Tor. Es ist das Tor von *AN*. AN symbolisiert, dass die Gegensätze von Sonne und Mond, von männlich und weiblich, zu einer Einheit verschmelzen. Diese Verschmelzung wird zu einem neuen, gemeinsamen Wirken führen.

In der Zeit der einmaligen Veränderung gab es immer wieder starke Zeichen aus den Ebenen des Kosmos, der Planeten und der geistigen Welt, welche dir Kraft zum Durchalten schickten, derweil die die äußerliche Welt immer mehr in Dunkelheit und Chaos versank. Die Gefahr, dass die Resignation überhand nehmen könnte, war groß.

Ein weiteres ungewöhnliches Schauspiel am Nachthimmel war das Erscheinen des Kometen Hale-Bopp im Jahr 1995. Ab März 1997 strahlte er mit großer Helligkeit über mehrere Wochen am nächtlichen Sternenhimmel. Seine Leuchtkraft war um das Zehnfache höher als die des berühmten Kometen Halley (1986). Wer sich damals mit dieser mystischen Kraft verbinden konnte, vergisst nie die unglaublich starke Energiefreisetzung, die dabei geschah. Die Energie fühlte sich an wie das tiefe Wasser eines Flusses, das sich im Schein des Mondes spiegelt und mit stetigem Fließen vorwärtsströmt

Am Vollmondwochenende vom 8./9. November 2003 zeigte sich am Sternenhimmel der Nordhalbkugel die *Harmonische Konkordanz*. Dabei handelt es sich um eine seltene Konstellation der Planeten, die in ihrer Anordnung einen Christus- oder Davidstern zeigt. Die Form der *Merkaba*, deines Lichtkörpers, entspricht genau diesem Bild. Viele Menschen erwachten und begannen – in sich – diesen Lichtkörper zu entwickeln. Diese Menschen verfeinerten stetig ihre Achtsamkeit gegenüber der Schöpfung. Sie waren auch bereit zu großer Selbstreflextion.

All dies bleibt den Mächten welche die Erde bis dahin beherrschten, nicht verborgen. Sie verstärken ihre Strategien, um Menschen an die Felder von Angst und Abhängigkeit gebunden zu halten. Sie spüren, dass ihre Tage auf dem Planeten gezählt sind, weil sie die hohe Grundschwingung, welche täglich an Strahlkraft zunimmt, nicht länger ertragen können.

Im Jahr 2020 wird die Trennung der Welten auffallend sichtbar. Paradoxerweise ist in dieser größten Trennung die totale Heilung möglich. Wie soll das gehen? Es ist das Prinzip der Gegensätze, die sich berühren. Ein Grundgesetz der Physik besagt, dass gleichnamige Pole sich abstossen und die gegensätzlichen sich anziehen.

Alles, was sich manifestiert, wird zuerst im Geist geboren. Deshalb dauert das Sichtbarwerden von Veränderungen seine Zeit. Es ist ein fortwährender Prozess, der sich folgerichtig entwickelt und nach und nach zeigt.

Interessanterweise zeigen Messungen des Erdmagnetfeldes ab dem 21. September 2020 ein Auseinanderfallen des Dipols. Das heisst es gibt keinen stabilen Plus- oder Minuspol mehr, was zu chaotischen Turbulenzen und Veränderungen des elektromagnetischen Feldes führt. Es kommt immer öfter zu starken Ausfällen oder einem signifikanten Abfall der Frequenz. Dies wirkt sich auf das Befinden des einzelnen Menschen aus, da wir selbst elektromagnetische Wesen sind und uns innerlich am Erdmagnetfeld orientieren. Diese Aufhebung der Polarität ist der sichtbare Ausdruck des unglaublichen Wandlungsgeschehens auf der Erde.

Die neue Erde

Im März 2015 ereignete sich auf der Nordhalbkugel der Erde eine totale Sonnenfinsternis. Das Außergewöhnliche daran ist, dass sie sich gradgenau zur Zeit des Frühlingsbeginns manifestierte. Sie endete nahe am Nordpol, zeitgleich mit dem Tag, an dem die Sonne dort, erstmals nach einem halben Jahr, wieder am Horizont erschien. Diese Sonnenfinsternis hatte eine ungewöhnlich breite Ausdehnung, mit einem Kernschatten von mehr als 400 Kilometern.

Die Prophezeiungen aus dem Jahr 2012 erfüllten sich damit. Die Helle des Tages wich einem Dämmerlicht, die Sonne verfinsterte sich. Hellsichtige Menschen konnten sehen, wie sich eine neue Erde wie eine Blaupause von der Dichte des bestehenden Planeten abhob. Seit diesem Tag ist immer stärker zu spüren, dass die Menschen in unterschiedlichen Realitäten leben. Auf der alten Matrixebene wird es immer dunkler.

Menschen, die ihren Diamanten gefeilt haben, fühlen sich frei und leicht, und finden sich in einer neuen, verfeinerten, lichtvollen Dimension wieder.

Mit der neuen Erde geht ein Paradigmenwechsel einher, den jeder Mensch nur individuell machen kann. Bewusstsein kann man nicht kaufen. Die Erweiterung des Bewusstseins hat mit der Freisetzung von DNS-Strukturen zu tun, die über lange Zeit brach lagen. Diese Strukturen können nur dann frei gesetzt werden, wenn das Nervensystem Kapazität dafür hat.

Das stellt natürlich das ganze Konzept von Kontrolle und Abhängigkeit in Frage. Die Machthaber der alten 3D-Welt sind aufgeschreckt. Viele Menschen können sie nicht mehr beeinflussen. Menschen, die über die Schwelle der vierten Dimension gegangen sind, sind für sie nicht mehr erreichbar.

Dazu kommt, dass diese dunklen Wesen keinen Zugang auf die höheren Ebenen haben, weil sie eine so hohe Schwingungsfrequenz nicht ertragen können.

Die Jakobsleiter

Dieses Baums Blatt, der von Osten
Meinem Garten anvertraut,
gibt geheimen Sinn zu kosten, wie's den Wissenden erbaut.
Ist es Ein lebendig Wesen, das sich in sich selbst getrennt,
Sind es Zwei, die sich erlesen, Dass man sie als Eines kennt.
Solche Frage zu erwidern fand ich wohl den rechten Sinn;
Fühlst du nicht an meinen Liedern, dass ich Eins und Doppelt bin?
Johann Wolfgang von Goethe (1749–1832)

Ich habe dir von der Jakobsleiter erzählt. Sie ist wie eine Treppe, auf der du hinauf-und hinuntergehen kannst. Wenn ich dir vom Aufstieg erzähle, ist es gut zu wissen, dass du auf diesem Weg, der dich nach Hause ins Paradies führt, alleine entscheiden kannst, ob du eine Stufe höher gehen willst oder ob du dich nochmals zurück begibst auf eine tiefere Stufe der Leiter. Du stehst erst dann sicher auf einer höheren Stufe, wenn du eine Ebene radikal, das heißt bis zu den Wurzeln, verstanden hast. Dieses Verstehen kann schnell gehen, es kann aber auch viele Inkarnationen dauern, bis du mit einer Ebene versöhnt bist und in deinen eigenen Frieden kommst.

Auf der obersten Stufe der Leiter bist du deinem Ursprung am nächsten, doch auf dieser universalen Stufe bist du mit den härtesten Konflikten, die eine Seele in sich trägt konfrontiert. Hier hat sie sich getrennt und entschieden, das Paradies zu verlassen, um Erfahrungen in tieferen Ebenen zu machen. Diese Trennung ist das schmerzvollste, das du dir vorstellen kannst. Die Seele hat sich damit von der göttlichen Einheit und damit auch von sich selbst getrennt. Durch diese Trennung entstand die Polarität. Aus EINS wurden ZWEI.

Die Seele ist seit dieser Trennung auf der Suche nach ihrem zweiten Teil, den sie immer bei sich hat, weil sie selbst göttlich ist, nur kann sie das durch den des Verlust dieser Verbindung nicht mehr erkennen.

Ihre Aufgabe besteht jetzt darin, in allen Ebenen diese Trennung in sich sebst wieder aufzuheben. Genau genommen ist diese Trennung eine Illusion. Das kann die Seele nicht erkennen, weil sie immer tiefer in die Unbewusstheit gefallen ist. Sie sucht den zweiten Teil verzweifelt im Außen. Sie sucht einen Seelenpartner.

Seelenpartnerschaft ist nur mit der eigenen Seele möglich. Die Seele ist in ihrer Einheit ein komplexes Gebilde. Solange sie dieses Bild nicht zusammengebracht hat, inkarniert sie in Teilaspekten. Stell dir vor, die Seele ist wie ein großer See. Es gibt viele Flüsse, die in den See hinein fließen und viele Flüsse, die aus dem See heraus fließen. Die Flüsse, die herausfließen, sind Seelenanteile, welche auf den Weg gehen, um eine Erfahrung zu machen. Die Flüsse, die zurückfließen, bringen Erfahrungen und Erkenntnisse. Die Seele kann auf verschiedenen Seins- und Schwingungsebnen gleichzeitig eine Erfahrung machen.

Auf der materiellen Ebene erfährt die Seele Begrenzungen von Raum und Zeit. Das ist eine große Einengung für sie, denn sie kennt die allumfassende Ausdehnung. Es ist möglich, dass mehrere Seelenanteile gleichzeitig inkarnieren. Sie wählen dazu als Ausdruck die Form eines männlichen oder weiblichen Körpers. Wenn sich zwei Flüsse aus demselben Urmeer begegnen, entsteht eine unglaublich große Anziehung. Diese Anziehung führt oft in eine Partnerschaft. Du nennst das dann die Begegnung mit deiner Dualseele. Begegnungen mit einer Dualseele sind magisch, weil sich die Seelenanteile stark anziehen. Sie können bemerkenswertes Wachstum oder auch einen totalen Stillstand auslösen.

Dualseelenbeziehungen, die in der Realität gelebt werden, dauern meist nur kurz, weil sie punktgenau das Lebensthema der beiden Partner auslösen. Das bedeutet, dass damit alle Schatten sichtbar werden, welche die Seele integrieren möchte. Solche Beziehungen gehen oft gewaltsam auseinander, entweder durch eine schmerzhafte Trennung oder auch durch den Tod eines Partners.

Eine andere Art, die Dualseelenbeziehung zu leben kann bedeuten, dass beide Partner ihre Individualität zugunsten einer Symbiose aufgeben. Dabei entsteht eine gegenseitige Abhängigkeit, welche die Verschmelzung mit der grossen Einheit der eigenen Seele verhindert. Dualseelenbeziehungen sind eine Erinnerung an die Einheit der Seele mit sich selbst, an die eigene Seelenpartnerschaft. Sie sind Motivation, das Leben nicht aufzugeben, auch wenn es äußerst schwierig ist. Sie sind die Triebfeder dafür, weiter zu machen und nicht zu kapitulieren. Ganz tief im Herzen gibt es die Erinnerung an einen Zustand des Friedens, der Einheit und der Fülle, wo es ein Miteinander statt Gegeneinander gegeben hat. Jede Seele hat diese Erinnerung.

Diese Erinnerung motiviert dich, den Weg durch alle Ebenen, ins verlorene Paradies, zurückzugehen.

Seelenpartnerschaft	Verschmelzung mit der eigenen Seele, Rückverbindung zum göttlichen Funken
Dualseelen	Begegnung mit eigenen inkarnierten Seelenaspekten
Seelengefährten	Seelen, die für ein gemeinsames Projekt arbeiten
Weggefährten	Seelen, die gleichzeitig inkarniert sind und deine Wege kreuzen

Stufen

Die Fähigkeit zu beobachten ohne zu werten,
ist die höchste Form von Intelligenz.
Jiddu Krishnamurti (1895–1986)

Die universelle Stufe

Du stehst jetzt auf der ersten, respektive obersten Stufe nach dem Verlassen des Paradieses. Hier bist du Gott, der Einheit, noch am nächsten und doch am weitesten entfernt. Paradox, nicht wahr? Das kommt daher, dass du hier noch viel Energie zur Verfügung hast. Diese Energie ist stark und voll Feuer. Es ist das Feuer der Überzeugung. Hier bist du dir sicher, weise gehandelt zu haben. Zwar zweifelst du für kurze Momente, ob dieser Ausstieg richtig war. Doch diese Zweifel verdrängst du. Wenn sie dann doch größer und größer werden, kehrst du die Medaille um. Du greifst jetzt Gott an und behauptest, du seist nicht freiwillig gegangen, er hätte dich aus dem Paradies geworfen, so wie es in der Bibel geschrieben steht. Der männliche Teil (Adam) beschuldigt den weiblichen Teil (Eva), Früchte vom verbotenen Baum gegessen zu haben. Eva gibt der Schlange die Schuld dafür, dass sie von ihr verführt wurde. Beide fallen aus dem Licht der Einheit, um die Dunkelheit zu erforschen und zu Erkenntnis zu gelangen. Sie begeben sich in die Dualität. Der Konflikt zeigt sich fortan auf allen Ebenen, insbesondere in persönlichen Beziehungen zu Partnern, Eltern und Kindern.

Das ist der Beginn der sogenannten Projektionsverschwörung, die sich immer wieder auf allen Stufen zeigen wird. Du bekommst jetzt einen riesigen Zorn auf Gott. Eigentlich ist es der Zorn auf dich selbst. Das würdest du aber niemals eingestehen.

Du stehst vor der Türe zum Paradies und bauscht dich auf wie ein Pfau. Du hast Null Bereitschaft, dich selbst zu hinterfragen. Schließlich bist du ja nur dem – noch – hellen Licht der Verführung gefolgt, nicht wahr? Auf dieser Stufe beginnst du, dich gegen Gott zu erheben.

Das nennt man in der Fachsprache Hybris. Hybris bedeutet Hochmut und spirituelle Überheblichkeit gegen Gott. Es ist der innere Kampf gegen dich selbst, gegen deine eigene Göttlichkeit. Du wirst ihm beweisen, wer Recht hat, ob dieser Weg der Trennung der richtige ist. Du befindest dich jetzt im Autoritätskonflikt. Dieser wird dich auf allen Stufen begleiten.

Da es ein Konflikt mit der göttlich männlichen Kraft ist, wird er künftig stellvertretend mit männlichen Personen ausgetragen. Das heißt, mit Vater, Bruder, Sohn, Chef und allen Autoritätspersonen, die in deinen Leben jemals eine Rolle spielen werden.

Chuck Spezzano schreibt dazu:

„Wusstest Du, dass an der Wurzel eines jeden Problems ein Autoritätskonflikt steckt? Ein Autoritätskonflikt dreht sich darum, wer der Boss sein wird. Auf einer unbewussten Ebene ist es allerdings ein Kampf mit Gott. An gut verborgenen Orten deines Geistes, gibst du Gott die Schuld, für alles, was in deinem Leben passiert. Jede Krankheit, jeder Angriff, den du erleidest, zeigt die Art und Weise, wie du Gott attackierst. Du benutzt Krankheiten und Tragödien als Beweis dafür, dass Gott schlecht und unfähig ist. Du versuchst verzweifelt, dir selbst zu beweisen, dass du ihn nicht brauchst und nicht auf ihn hören musst. Dein Ego sagt dir, dass derjenige den Job von Gott ausüben soll, der dafür auch am besten qualifiziert ist, Und, ohne falsche Bescheidenheit gesagt, das bist eigentlich du! Du würdest den Job viel besser als Gott machen, der so viel Leid und Ungerechtigkeit auf dieser Welt zulässt.“
Chuck & Lency Spezzano, Das ABC der glücklichen Beziehungen, Heyne Verlag 2007, S. 35

Die Stufe der Entscheidung

Hier legst du dir jetzt eine Strategie zu, um den Schmerz der Trennung zu vergessen. Dies ist die Stufe auf der du Angriffe gegen dich selbst, gegen andere und das Leben beschliesst. Hier beschriftest du deine zukünftigen Lebensthemen mit Wegweisern. Auf diesen Wegweisern steht alles geschrieben, was du in vielen Inkarnationen erfahren möchtest. Wenn du später auf diese Stufe zurückkehrst, wirst du mit deinen Entscheidungen konfrontiert. Mit dieser Rückkehr hast du die Chance, die Weichen neu zu stellen, die Wegweiser neu zu beschriften und dir zu vergeben.

Auf dieser Stufe legst du den Grundstein der Ursachen, die später Wirkung zeigen. Es ist der Ort, wo deine Überzeugungen geboren werden. Hier beschließt du, Rache zu nehmen, machtvoll zu sein, Besitz und Anhängerschaft zu haben. Du wirst zum Schöpfer deiner eigenen Realität. Es kann auch sein, dass du beschließt, ein Heiliger zu werden, ein Retter der Menschheit, ein Verbesserer der Natur, die nach Gottes unfähiger Schöpfung nicht perfekt sein kann.

Es kann da auch heißen: „Ich bin ein Versager, ich bin wertlos, und unfähig. Ich bin ungeliebt und verstoßen." Du siehst, in dieser Ebene ist bereits eine starke Dualität zu spüren.

Auf der Stufe der Entscheidung packst du deinen Rucksack für die weitere Reise, die dich immer tiefer in die dichte Materie bringt. Hier kann es ganz heftig zugehen, du hast zum Beispiel die Idee, das Leben zu verfluchen, Schwüre und Versprechen auf „immer und ewig" gegen dich selbst oder andere auszusprechen Mit diesen Aktionen geschieht die Hinwendung zu Verstrickung und Dunkelheit, in all ihren Facetten. Hier entscheidest du dich für deinen Archetypen: als Verräter, Heiliger, Retter, der Gute oder der Böse.

Du bist dir nicht bewusst, dass du ab dieser Stufe alle Erfahrungen immer in der Dualität machen wirst. Das heißt, du wirst immer die eine oder die andere Seite der dualen Gegensätze erleben. Du gehst in das sich ewig drehende Rad der Wiederholungen, bis du erkennst, dass die Gegensätze eins sind. Täter und Opfer gehören zusammen. Wenn du dich entschieden hast, dass du ein Opfer bist, brauchst du einen Täter, dem du die Schuld zuweisen kannst. Damit wirst du selbst zum Täter, weil du ohne ihn, den Täter, deine Entscheidung, ein Opfer zu sein, nicht leben kannst.

Einmal erlebst du die Sonnenseite und zum Ausgleich dann umgehend die Schattenseite. Umgehend heißt, in kosmischen Dimensionen gesprochen, „nach vielen Erfahrungen in Äonen der Zeit."

Erst wenn du das Spiel erkennst, kannst du bewusst aussteigen. *Game over!* Du entscheidest dich mit deinem freien Willen für die Hingabe an die Erlösung.

Der Ausstieg ist einfach, funktioniert aber erst, wenn du auf der Leiter zurückgestiegen bist. Es braucht eine große Reife und Erkenntnis, damit du aus reiner Liebe zu dir selbst eine neue Entscheidung triffst.

Das Christentum hat als große Überschrift Liebe und Erlösung gewählt. Keine Metapher zeigt besser auf, dass du immer die Wahl hast. Erinnere dich an die Geschichte der beiden Verbrecher, die zusammen mit Jesus gekreuzigt wurden. Der eine war voll Hass, Wut und Widerstand. Der andere bereute seine Taten und bat um Vergebung. Zu ihm sagte Jesus:

„Amen, ich sage dir, heute noch wirst du mit mir im Paradies sein." (Lukas 23,43)

So einfach könnte es sein. Wirklich.

Die Stufe der Überzeugungen

Auf dieser Stufe werden die Idole und Götzen die du anbetest kreiert. Du erschaffst dir eine Idee, auf welche du deine ganze Energie ausrichtest. Es gibt unzählige Idole. Ich nenne dir einige davon: Schuld, Krankheit, harte Arbeit, Sex, Kampf, Gewinn, glückliche Beziehung, Erfolg um jeden Preis, Unterwerfung. Vielleicht beschließt du, ein Rebell zu sein. Einer, der sich nichts, aber auch gar nichts sagen lässt. Vielleicht entschliesst du dich lautstark zu sein und suchst dir eine einflussreiche Position als Oppositioneller, in der Art wie einst Muammar al-Gaddafi. Oder du hast die Idee, dich ganz auszuklinken und zu Fuss um die Welt zu gehen. Es kann auch sein, dass dich ein Leben im Kloster anzieht. Auf alle Fälle ist die banale Welt nichts für dich. Du bist einfach großartig. Es gibt keine Gesellschaftsnormen, die dich beeindrucken. Du bist anders als die andern. Als passiver Rebell brauchst du keine große Anhängerschaft. Dir reicht das Idol des Besonderen. Es reicht dir aus, dich einfach außergewöhnlich zu fühlen. Als bekennender Rebell brauchst du Mitstreiter.

Rebellen sind eine Herausforderung in der therapeutischen Praxis. Sie zeigen sich, wenn sie überhaupt auftauchen, zuerst kooperativ und bereit, etwas Neues zu lernen. Meist übernehmen sie in den Sitzungen offenkundig oder verdeckt das Zepter und führen den Verlauf in ihre vorgeplante Richtung. Wenn sie es offen tun, dann sagen sie dir irgendwann, dass du jetzt der hundertste Therapeut bist, der es auch nicht schafft, sie in ihrem Leben weiter zu bringen. Auf längere Frist gesehen kann es sein, dass dir ein Rebell beweisen will, dass deine Ansicht nichts zählt und dass du unfähig bist. Es gibt Menschen mit gut versteckter Rebellion. Mit ihnen kannst du wunderbare Prozessarbeit machen. Sie sind voll des Lobes über dich als Therapeut. Diese Menschen lieben visionäre Inhalte ganz besonders. Diese Art Rebell gibt sich vordergründig voll dem Prozess hin. Plötzlich tauchen dann unglaubliche Geschichten auf, von Fähigkeiten, die in ihm stecken, um die ganze Welt zu erlösen; so gesehen, ein Friedensengel zu sein. Oder sie sehen einen gedeckten Tisch mit einer unglaublichen Fülle an Geschenken. Sie machen damit die Welt zu einem irrealen Ort, den sie ganz nach ihren eigenen Vorstellungen gestalten. Sie sehen ihr großes Potenzial, ohne es aber real umzusetzen. Die Umsetzung ist mit viel Arbeit an sich selbst verbunden. Diese Arbeit ist ihnen oft zu anstrengend und so bleiben sie mit ihrer Entwicklung auf der Stufe ihrer Überzeugungen hängen.

Rebellen besitzen oft ein starkes Führungspotenzial. Nicht selten findet man sie im Archetyp des Lehrers oder Richters. Für sie ist es einfacher, anderen zu sagen, was sie zu tun haben, als selbst an sich zu arbeiten. Ihre Schwäche ist die Fähigkeit, sich einzulassen und mit anderen Menschen eine Zusammenarbeit einzugehen. Die Schattenseite des Rebellen sind seine Unsicherheit und seine unrealistische Selbstwahrnehmung. Rebellen gehen oft in den offenen Konkurrenzkampf. Der Kontrahent kann der unfähige Chef sein oder der Partner, der ihm nichts zu sagen hat. Der Rebell ist überzeugt, dass er alles besser machen könnte. Mit seiner Kritiksucht blockiert er aber ganz viel Energie und vor allem die Möglichkeit, selbst etwas auf die Beine zu stellen. Er hat totale Angst vor Bewertung. Nichts verletzt ihn mehr, als wenn er eine schlechte Bewertung erhält. Das würde er aber nicht freiwillig zugeben. Er schlägt lieber zurück oder geht gleich vorsorglich in die Offensive. Erfahrungen aus der Praxis zeigen, dass Rebellen oft ein belastetes Vaterthema haben. Ihr Vater war meist dominant, vielleicht sogar gewalttätig oder überhaupt nicht da. Für sie heißt die Devise, „ich brauche keine Autorität, weil ich selbst ein besserer Chef bin."

Ich gebe dir noch ein Beispiel. Es kann sein, dass du dich entschlossen hast, ein Märtyrer zu sein. Märtyrer sind nicht grundsätzlich anders als Rebellen. Sie haben die Opferrolle gewählt. Sie opfern sich auf, meistens für eine gute Sache und im Endeffekt für Gott. Sie trauen ihm nämlich auch nicht zu, dass er das mit den Menschen und der Erlösung von sich aus hinkriegt.

In dieser Rolle gehst du selbst auf die Straße oder auf das Schlachtfeld und gibst dich als gottähnlichen Retter aus. Das heißt, du zeigst den Autoritätskonflikt mit Gott nicht offen, sondern gut getarnt hinter der Maske einer übergroßen Loyalität. Es kann auch vorkommen, dass du eine Art hast, deine Umwelt zwanghaft zu beglücken oder zu missionieren.

Getoppt hat dieses Verhalten der Papst, das Oberhaupt der Katholischen Kirche. Er sagt ganz ungeniert und ohne falsche Bescheidenheit: „Ich bin der Stellvertreter Gottes auf Erden." Nun, an den Taten werdet ihr sie erkennen, nicht an ihren Worten, so steht es geschrieben. Es gibt kaum eine blutigere Spur als die der Weltreligionen. Jede, ausnahmslos jede, hat die Botschaft ihrer Religion missbraucht und sie zu ihren Gunsten ausgelegt, um zu Macht, Geld und Einfluss zu kommen.

Märtyrer im Alltag sind nicht so spektakulär. Man findet sie oft in helfenden Berufen, als Ärzte, Therapeuten, Seelsorger oder Heiler. Mehr oder weniger haben sie, bevor sie eine wirkliche Hilfe für andere sein können, ein großes Thema mit der Konkurrenz zu Gott. Dabei zeigen sie oft ein überhöhtes, idealisiertes Gottesbild, was sie zu missionarischem Verhalten anleiten kann. Sie unterscheiden sich zu den Rebellen durch ihre ausgeprägten, empathischen Eigenschaften. Sie können sich gut einfühlen, sind meist loyal und halten viel aus. Schmerz, Erniedrigung und Übernahme von fremder Verantwortung sind genau ihr Ding. Themen von schmerzhafter Abhängigkeit sind ihnen nicht fremd. In diesen Abhängigkeiten bleiben sie gefangen, bis sie ihre emotionalen Konzepte loslassen. Märtyrer arbeiten gerne mit Emotionen von Schuld, Aufopferung und Leiden.

Wenn du ein Märtyrer bist, wirst du viel Grauen kennenlernen. Du hast für dieses Leben die dunklen Geschichten gewählt. Du erforschst die menschlichen Abgründe, um zu erkennen, dass du abhängig bist und Abhängigkeiten von anderen Menschen zu dir erschaffst. Anfänglich bist du dir nicht bewusst, dass du ein Teil dieses Grauens bist. Selbst wenn du es erfahren würdest, kannst du es nicht gleich annehmen, weil es nicht in das überhöhte Bild passt, welches du von dir selbst hast.

In der Geschichte von Märtyrern gibt es oft schwache Frauen, welche die Mutterrolle nicht übernommen haben. Menschen, die den Märtyrer-Archetypen wählen, können im Verlauf ihrer Entwicklung erkennen, dass nicht in erster Linie das Umfeld ein entsprechendes Problem hat, sondern sie selbst. Sie kommen dann an einen Punkt, wo sie merken, dass alles, was sie an Not auf andere projizieren, bei ihnen selbst auch vorhanden ist. Sie begreifen damit, dass das Thema nicht frei und neutral ist, weil sie emotional darauf reagieren. Mit-leiden ist ein Smptom für diese Thematik.

Auf dieser Stufe der Überzeugungen bist du im Breich deiner eigenen Konzepte. Damit bist du wie in einem Kino. Du hast zwar den Film ausgewählt und das Drehbuch geschrieben. Wenn du dann erst einmal im Vorführraum sitzt, hast du jedoch keinen Einfluss auf die Regie oder die Ausstattung und den Verlauf. Du bist deinem eigenen Film irgendwie ausgeliefert. Die Schauspieler kennst du schon, du hast sie für deinen Film gecastet.

Es gibt viele Menschen und ganze Völkerkulturen, die daran glauben, dass eine Seele mehrmals auf dieser Erde inkarniert. Macht irgendwie Sinn. Die Schauspieler im Film haben nicht immer dieselbe Rolle. Im Historienfilm spielst du vielleicht die Königin. Dann kommt die Liebesgeschichte, hier verlierst du deinen Geliebten und wendest dich ab von der Welt. Der nächste Film ist ein Kriegsfilm, da geht es vorerst um das nackte Überleben. Wenn der Krieg dann vorbei ist, musst du aufräumen – wie die Trümmerfrauen, die man aus Filmen über den 2. Weltkrieg kennt. Wenn du ganz hartgesotten bist, wählst du vielleicht einen Horrorfilm. Du kennst das ja, im Horrorfilm gibt es viele Ereignisse, die man nicht nachvollziehen kann. Hier kommen dunkle, unsichtbare Kräfte zum Einsatz.

Auf der Stufe der Überzeugungen kreierst du deine Startbedingung für das Thema, welches du in diesem Leben bearbeiten möchtest. Die Familie, in die du geboren bist, zeigt und verstärkt dein persönliches Lebensthema.

Die Stufe des Verstandes

Auf dieser Stufe versuchst du, Geschehnisse und Erfahrungen mit dem Verstand zu erfassen. Es ist die Ebene der Analyse und Gedanken-Konstrukte. Du versuchst, über deinen Verstand zu begreifen und ziehst deine Schlüsse daraus.

Die Sufis sagen:

„Der Verstand macht atemlos halt, wo die Seele beginnt."

Je mehr du dich von der Natur und dem Fühlen über das eigene Herz entfernst, desto aktiver wird dein Verstand. Wenn du als kleines Kind etwas fühlst, was dir deine Eltern nicht bestätigen oder gar ausreden, beginnst du deine eigene Logik aufzubauen, um diese Reaktion zu verstehen. Du stellst deinen Selbstwert und deine eigene innere Wahrnehmung in Frage und übernimmst die Wahrheit deiner Eltern. Du beginnst damit, dich selbst anzuzweifeln und in Frage zu stellen.

Mit diesem Gefühl der Unsicherheit und Selbstzweifel bist du in deinem eigenen Thema angekommen. Später in deinem Leben klagst du deine Eltern vielleicht an, weil sie dich nicht ernst genommen haben. Mit diesem „Dich – selbst-nicht – ernst-Nehmen" bist du auf die Welt gekommen. Deine Eltern spiegeln dir nur deine Resonanz. Die Testfrage bei diesem Thema lautet für dich: „Wie vertraue ich mir und meiner eigenen Wahrnehmung?"

Diesen Zusammenhang kannst du zu einem späteren Zeitpunkt in deinem Leben erkennen und heilen. Wenn du als erwachsener Mensch allein deine Eltern für deine schmerzvollen Geschichten verantwortlich machst, siehst du nur die eine Seite der Medaille. Du wirst in diese Familie geboren, um die andere Seite der Medaille auch zu suchen und zu erfahren. Wenn du als Kind total eingeengt wirst, dann befindet sich auf der anderen Seite der Medaille das Wort *Freiheit!*

Die Stufen sind übergreifend und interaktiv. Wenn du eine ablehnende Mutter erlebst, ist es ein Hinweis darauf, dass du deine eigene weibliche Seite ablehnst. Wenn dich dein Vater unterdrückt, spiegelt er dir deinen eigenen Autoritätskonflikt mit dem göttlich-männlichen Prinzip. Du wählst mit dem Umfeld deiner Kindheit ein morphisches Feld, das mit deinen eigenen Themen in Resonanz ist.

In der Zeit deiner Kindheit hast du die Überzeugungen deiner Eltern und das Ahnengedächtnis – wie ein Programm auf deinem Computer – installiert. Die Eltern geben immer auch die Ahnengeschichte weiter. Wenn du deine Geschichte heilst, heilst du auch die Ahnengeschichte.

Wenn dich etwas provoziert und du mit deinen mentalen Überzeugungen gegen jemanden, der anders denkt als du, in den Kampf ziehst, dann hast du eine Anhaftung an das entsprechende Thema. Im Wort *urteilen* steckt das Wort *teilen* mit drinnen. Wenn du urteilst, ist damit immer auch eine Bewertung verbunden.

Wenn du das Muster des Urteilens und Bewertens geheilt hast, kannst du Situationen neutral einschätzen, ohne dass sie dich emotional betroffen machen.

Chuck Spezzano schreibt dazu:

„Wusstest du, dass dich deine Urteile versklaven und dazu führen, dass du etwas oder gar dich selbst opferst?
Jedes Mal, wenn du urteilst, trennst du dich von dem Menschen oder der Situation, um die es geht – du fühlst dich überlegen. Es ist unumgänglich, dass dich dieses Gefühl in den Teufelskreis von Überlegenheits- und Minderwertigkeitsgefühle führt.
Wenn du etwas sagst, um überlegen zu sein, kompensierst du damit Minderwertigkeitsgefühle. Kompensationen verhindern, dass du empfängst, und deshalb fühlst du dich, als ob du etwas opfern müsstest, um den anderen zu tragen. Wenn du in der unterlegenen Position bist, opferst du dich dadurch auf, um dir selbst dadurch Wert zu geben, damit du überhaupt in eine Beziehung treten kannst.
Sobald du Situationen oder Menschen beurteilst, stellst du deine Ansicht als die richtige hin. Du lässt dich vielleicht sogar dazu verführen zu beweisen, dass die anderen falsch liegen. Wenn du sie selbstgerecht

beurteilst, machst du sie schlecht und trennst dich von ihnen. Indem du urteilst, blockierst du dich in der Situation und du wirst selbst unter den Folgen leiden.
Urteile behindern deine Intuition und Inspiration. Sie halten dich vom Energiefluss fern, indem sie dein Bewusstsein einschränken und deine Anpassungsfähigkeit begrenzen.
Die Alternative besteht darin, zu segnen und zu helfen. Dann wird das, was sonst ein Urteil ist, zur Unterscheidung und zu einer Gelegenheit, festzustellen, was du wirklich tun kannst, um zu helfen."
Chuck & Lency Spezzano, Das ABC der glücklichen Beziehungen, Heyne Verlag 2007, S. 266-267

Zwischen Urteilen und Unterscheiden besteht eine große Differenz. Du kannst aus dem Herzen heraus entscheiden, wer oder was dir gut tut. Dein Instinkt hilft dir zu erkennen, wann etwas gefährlich oder ungünstig für dich ist und leitet dich an, dich entsprechend zu schützen und zu handeln.

Als Kind übernimmst du die Urteile und Bewertungen deiner Eltern. Du kannst dich in deinem späteren Leben daraus befreien und dir deine eigene Sicht der Dinge aufbauen. In der Kindheit wird dein Computer programmiert. Du reagierst auf die Bedingungen der Programme deiner Eltern und machst daraus deine eigenen mentalen Konzepte. Die können dann heißen: „Wenn ich ein braves Kind bin, werde ich geliebt. Ich muss viel und hart arbeiten, sonst ist meine Existenz gefährdet. Nur wenn ich einen guten Schulabschuss habe, kann ich in der Gesellschaft mitreden. Wenn ich mich ruhig verhalte, falle ich nicht auf und kann nicht angegriffen werden. Ich tue das, was die anderen von mir erwarten, dann werde ich geachtet."

Irgendwann ist der Verstand total überlastet, er hat einfach keinen Platz mehr für neue Strategien. Es ist dann so, wie wenn du die ganze Kapazität deines Computers belegt hast. Deine Gedanken beginnen sich zu drehen „Was habe ich falsch gemacht? Weshalb funktioniert mein Job nicht? Wie muss ich sein, damit ich akzeptiert werde? Weshalb reagieren die Menschen so auf mich? Was ist nicht in Ordnung mit mir? Ich habe doch niemandem etwas angetan und trotzdem mag man mich nicht. Was kann ich noch mehr tun?"

In diesem Zustand funktioniert dein Verstand nicht mehr richtig. Wenn du dich nicht durch Drogen, psychoaktive Medikamente oder andere kompensierende Verhaltensweisen abgespalten hast, kommst du jetzt in den Wirkkreis der Emotionen.

Die Die Stufe der Emotionen

Auf dieser Stufe wirst du als Mensch mit deinen Verletzungen und Gefühlen sichtbar. Der Verstand kann über lange Zeit die Ebene der Emotionen beherrschen. Darunter aber brodelt es wie unter einem Vulkan. Emotionen werden situativ ausgelöst. Dann kann es geschehen, dass du plötzlich keine Kontrolle mehr über deine Worte und Handlungen hast. Emotionen haben eine dunkle, lähmende Qualität und sind oft unterdrückt. Sie bilden den tragenden Teil der menschlichen Psyche. Sie zeigen dir auf, wo es eine Not gibt und in welchen Bereichen du dein Leben bearbeiten sollst. Es gibt einen Unterschied zwischen Emotionen und Gefühlen. Emotionen sind mit Schmerz verbunden. Gefühle dagegen sind leicht und geben ein Verständnis für Zusammenhänge.

Wenn du emotional reagierst, gibt es einen inneren Grund dafür. Emotionen kommen nicht von außen, sie werden nur ausgelöst, aktiviert oder reaktiviert. Wenn du etwas verlierst, das du geliebt hast, ist es völlig normal, dass du traurig bist. Dann wird deine Traurigkeit von einem äußeren Ereignis ausgelöst. Es ist wichtig, dass du dir Zeit gibst, um zu trauern, wenn du einen Verlust erlebt hast. Später kannst du dich mit Liebe und Dankbarkeit an die gemeinsame Zeit mit diesem Wesen, das deinen Weg begleitet hat, erinnern.

Wenn du dich nach einem Verlust hineinsteigerst in die Trauer und sie über lange Zeit nicht loslassen willst, kommst du in den Bereich der Zwanghaftigkeit und inneren Abhängigkeit. In diesem Fall brauchst du Hilfe von außen, um dich zu befreien.

Wenn du eine nicht geheilte Trauer in dir hast, kann es geschehen, dass du dich vom Weltschmerz nicht abgrenzen kannst und diesen übernimmst. Damit gerätst du in eine Abwärtsspirale und nicht selten in eine tiefe Resignation. Du suchst jetzt vielleicht einen Arzt auf. Dieser wird dir eine Depression bescheinigen. Eine Depression zeigt immer an, dass ein nächster Schritt für dich bereit ist, den du noch nicht eingeleitet hast

Damit du etwas Neues beginnen kannst, musst du das Alte loslassen. Depression ist eine Weigerung, den nächsten Schritt zu machen. Wenn du in der Depression verharrst, bleibst du im Muster des armen, vom Leben gebeutelten Opfers gefangen. Du suchst damit Mitleid und Zuwendung von deiner Umgebung zu erhalten. Dadurch beziehst du deine Energie von anderen Menschen.

Aus der psychologischen Praxis kennt man die Tatsache, dass Trost das Leiden verschlimmern kann. Zuwendung ohne Lösung der Ursache kann den Zustand des Leidens und der Schmerzen verlängern, weil der Patient seinen Schmerz immer mit einer Extraportion Streicheleinheiten verbindet.

Viele Menschen halten lieber am Alten fest, als den Schritt ins Neue zu wagen. Sie wählen den Weg der Stagnation und lassen sich Psychopharmaka verschreiben. Diese Medikamente bewirken eine künstliche Distanz zu deinen Emotionen. Sie schaffen auch eine Distanz zwischen dir und deinem eigenen wahren Wesen.

Die Ursache von schmerzhaften Emotionen, wie Wut, Hass und Zerstörungstendenzen sind vielfältig. Du hast sie vielleicht in deiner Ursprungsfamilie erlebt und die Szenen gespeichert. Aus Sicht des Resonanzgesetzes haben sie auch mit dir zu tun. Alles, was in deinem Leben als Herausforderung auftaucht, bietet die große Chance einer inneren Heilung. Nicht geheilte Emotionen liegen meist im Verborgenen und zapfen dir viel Lebensenergie ab. Das wirkt sich auf die Ebenen deiner Vitalität und Lebensfreude aus.

Die Stufe der Körperlichkeit

Auf dieser Stufe geht es um deinen Körper und um das materielle Überleben in dieser Welt. Wie geht es deinem Körper? Wie bist du verbunden mit der Erde? Wie steht es um deinen Energiehaushalt? Wie stabil ist deine finanzielle Existenz?

Auf der vitalen Ebene werden alle Auswirkungen der anderen Stufen sichtbar. Alles, was sich auf dieser Ebene ausdrückt, ist eine Spiegelung deiner inneren Themen, deiner Gedanken und Muster. Hier bündelt sich alles und du kannst herausfinden, wohin die einzelnen Teile gehören. Jeder menschliche Körper hat seinen ganz eigenen Ausdruck. Der Körper des Menschen bietet viele Interpretationsmöglichkeiten. Psychologen interessieren sich für deine Physiognomie, deine Stimme, dein Auftreten und deinen Körperbau. Mediziner untersuchen alles, was dein Körper zu bieten hat, deine Gene, deine Krankheiten, deine Laborbefunde. Therapeuten, die mit ganzheitlichen Methoden arbeiten, messen und aktivieren deine Meridiane und den Fluss des Chi, der universalen Lebensenergie. Im Ayurveda wird dein Typ bestimmt, um dir eine passende Ernährung vorzuschlagen.

Dein Körper ist wie ein Diagnosegerät, das du auslesen kannst. Er zeigt dir an, wenn etwas, das du in diesem Leben heilen willst, noch nicht erlöst ist. Hinter jeder Krankheit steckt eine Botschaft, die gehört werden möchte. Lerne die Sprache deines Körpers zu verstehen. In der neuen Welt gibt es viel Literatur dazu, wie du deinen Körper ursächlich verstehen und heilen kannst. In diesem Zusammenhang empfehle ich Dir, die Enzyklopädie „Der Schlüssel zur Selbstbefreiung“ von Christiane Beerlandt, erschienen im Verlag Beerlandt Publikations, Lierde, Belgien. Die einzelnen Heilmethoden wirken auf den unterschiedlichen Ebenen. Dein eigenes Bewusstsein entscheidet darüber, mit welcher Methode du dein Problem anschauen und lösen willst. Das Angebot ist riesig und es gibt für jeden Suchenden den passenden Weg. Bitte darum, deinen eigenen Weg zu finden. Voraussetzung, um zu deinem Ziel zu kommen, ist, dass du mit der Suche beginnst. Das ist eine Entscheidung, die auf der ursächlichen Ebene getroffen wird. Ohne deine Einwilligung und Bereitschaft kann nichts geschehen. Es kann dich auch niemand Außenstehender heilen. Er kann dich nur mit einem geeigneten Werkzeug unterstützen, wenn du die Entscheidung getroffen hast, gesund zu werden.

Chuck Spezzano hat zum Thema der Krankheit geschrieben:

„Wusstest du, dass Krankheit eine Fehlentscheidung ist, die du aus Angst triffst.
Jede Krankheit ist eine Form des Selbstangriffs, den du in der Hoffnung startest, dass sich deine Situation auf magische Weise verbessert. Eigenattacken machen aber nie etwas besser; sie vergrößern nur deine Angst. Eine Krankheit ist die Manifestation einer Vielzahl von Dingen, die aus unbewussten und unterbewussten Ebenen kommend zusammentreffen.
Jede Krankheit ist ein Ruf nach Hilfe und Liebe und sie verweist auf eine Lektion, die gelernt werden will –, wenn es sich um eine lebensbedrohliche Krankheit handelt, ist dies eine Lektion auf der Seelenebene. Auf der unbewussten Ebene ist die Krankheit eine Attacke, Beschwerde oder Anklage. Sie lässt dich in die familiär bedingte Rolle des Märtyrers schlüpfen, im Versuch, einen Verwandten oder die ganze Familie zu retten. Krankheit ist die Anstrengung, ein Bedürfnis zu erfüllen und sich an jemandem oder an etwas festzuhalten. Damit versuchst du andere oder dich selbst (oder beide) zu kontrollieren und sie spiegelt dir deine Glaubenssätze wider. Eine Krankheit ist ein Ausdruck der Angst vor dem nächsten Schritt.
Unbewusst kann eine Krankheit ererbt oder ein Seelenmuster sein, eine Herausforderung deiner Seele, die du vor der Geburt geplant hast um dich nach vorne in eine Bewusstwerdung springen zu lassen.“
Chuck & Lency Spezzano, Das ABC der glücklichen Beziehungen, Heyne 2007, S. 175–176

Krankheit als Weg? Es muss einen anderen Weg geben, so steht es im berühmten Buch „Ein Kurs in Wundern“ geschrieben.

Der andere Weg

Helen Schucman wurde am 14. Juli 1909 in New York City geboren. Sie wuchs zusammen mit zwei Geschwistern auf. Helen interessierte sich schon als Kind intensiv für religiöse Fragen für ein ganzheitliches Verständnis von Natur und Mensch. Ihre Mutter war Christin. Ein langjähriges Kindermädchen vermittelte ihr ein fundiertes spirituelles Wissen. Später in ihrem Leben sollte sich dieses Wissen als Basis zeigen für das große, bahnbrechende Werk *Ein Kurs in Wundern*, das sie in Zusammenarbeit mit Professor William Thetford, ihrem Vorgesetzen, schrieb.

Helen war ein Freigeist, deshalb verabschiedete sie sich nach kurzer Zeit von der Mitgliedschaft in einer Baptistengemeinde. Die Struktur dieser Gemeinschaft war ihr zu eng und zu missionarisch. Das, was sie hier in Erfahrung bringen konnte, deckte sich nicht mit ihren tiefen, inneren Gefühlen, denen sie so gerne Ausdruck geben wollte. Helen befreite sich radikal. Sie brach ihre Suche nach Gott und der seelischen Rückverbindung, die ihr Leben bis dahin stark geprägt hatte, ab, und definierte sich fortan als rationale Atheistin.

Im Jahr 1933 schloss sie die Ehe mit Louis Schucman. Zusammen mit ihrem Mann arbeitete sie vorerst in der gemeinsamen Buchhandlung. Relativ spät, mit 43 Jahren, begann Helen ihr Psychologiestudium, welches sie im Jahr 1957, als Jahrgangsbeste, mit dem Doktorat in klinischer Psychologie abschloss. Im darauffolgenden Jahr bekam Helen einen Platz, vorerst als Assistentin, später als Professorin für klinische Psychologie, am Medical Center der Columbia University.

Helens Persönlichkeit und ihr großes wissenschaftliches Interesse ermöglichten es ihr, schnell in der Hierarchie der Universität aufzusteigen. Sie wurde wissenschaftliche Mitarbeiterin ihres Vorgesetzten und Leiters der psychologischen Abteilung, Professor Thetford. Die Zusammenarbeit zwischen Thetford und Helen erwies sich vor allem auf der menschlichen Ebene als schwierig. An ihrem gemeinsamen Arbeitsplatz erlebten sie, in den unterschiedlichen Rollen als Mann und Frau, die ganze Palette von Projektionen, Konkurrenzkampf und Autoritätskonflikt. Sie machten damit beide tiefe Eigenerfahrungen auf dem Gebiet der menschlichen- und psychologischen Stolperfallen.

Es war Thetford, der Helen eines Tages damit konfrontierte, dass er die Aggression und den Widerstand gegeneinander satt habe. Normalerweise hätte ein Vorgesetzter unter diesen schwierigen Umständen, die Zusammenarbeit mit dem Mitarbeiter gekündigt und aufgelöst. Nicht so Thetford. Er sagte zu Helen einen Satz, der eine Veränderung im Umgang zwischen den beiden Wissenschaftlern einleiten sollte. Der Wortlaut des Satzes war:

„Es muss einen anderen Weg geben, einen Weg des Miteinanders, nicht des Gegeneinanders, einen Weg der Kooperation, nicht des Angriffs."
Helen Schucman, 1909–1981

Helen, deren rebellischer Geist generell darauf angelegt war, Widerstand zu provozieren, stimmte zu. Ja, ihre Beziehung und gemeinsame Arbeit sollte fortan friedlich und liebevoll sein. Das war ein Entscheid, mit dem sich umgehend eine ganz neue starke Energie freisetzte. Helen und Thetford bekamen völlig unvorbereitet Durchsagen aus einer höheren kosmischen Ebene, die sehr fundiert und logisch nachvollziehbar waren. Inhaltlicher Schwerpunkt der Durchsagen war eine Anleitung für das Heilen von Beziehungen durch Versöhnung.

Die Niederschrift des Gesamtwerkes dauerte sieben Jahre. Was am Ende daraus entstand, ist ein hochkomplexes, wissenschaftliches Fachbuch. Mit akribischer Genauigkeit werden in diesem Nachschlagewerk die großen Themen, wie Verstrickungen, Widerstand gegen sich selbst, gegen das Leben und gegen die Liebe beleuchtet. Das Buch *Ein Kurs in Wundern* erschien 1976 erstmals in den USA. In deutscher Übersetzung wurde es 1994 aufgelegt.

Neuland betritt dieses Werk darin, dass es die Möglichkeit aufzeigt, hinter die sichtbaren Erscheinungsformen von Beziehungsproblemen zu schauen. Der Kurs in Wundern begrenzt sich nicht auf die pragmatische, psychologische Analyse, wie sie von Freud proklamiert wurde. Das Buch stellt die völlig neue Frage nach der Kausalität, das heißt nach der Ursache, die hinter einem Problem steht. Damit wird das Prinzip von Ursache und Wirkung eines Ereignisses durch einen, bis dahin unbekannten Schlüssel aufgezeigt.

Lebensereignisse zu verstehen und sie einordnen zu können, schafft Vertrauen und einen stabilen Stand auf der Erde. Ein Baum kann nur wachsen, wenn er seine Wurzeln tief in der Erde hat. Mit dieser Verankerung wird der Zusammenschluss der verschiedenen Ebenen, bis zur Rückverbindung in die himmlischen Sphären, möglich. Diese Verbindung bedeutet auch, wieder angeschlossen zu sein an die eigene innere Führung.

BUCH TEIL 2

Einführung

Der zweite Teil des Buches berichtet von meiner therapeutischen Arbeit mit Klienten. Um Menschen auf ihrem Entwicklungsweg begleiten zu können, braucht es solide Werkzeuge. Es ist egal, wie viele Ausbildungen und Methoden du kennst. Wichtig ist nur, dass du dich sicher fühlst, wenn du sie anwendest. Am sichersten fühlst du dich, wenn du keine Anhaftung mehr zu einem bestimmten Thema hast. Je mehr du als Therapeut selbst gelöst und dir erarbeitet hast, desto besser kannst du deine Klienten unterstützen.

Dein Interesse für den Beruf als Arzt oder alternativer Therapeut weist darauf hin, dass das Thema Heilung in deinem Leben einen zentralen Platz einnimmt. Wenn du wirklich erfolgreich dabei sein willst, ist es wichtig zu erkennen, dass dein erster Patient, der geheilt werden soll, du selbst bist.

Ganzheitliche Heilung geschieht dann, wenn du ein Problem nicht nur analytisch betrachtest. Je mehr Ebenen, du kennst und selbst in Heilung gebracht hast, desto tiefer kannst du in die Geschichte deiner Klienten eintauchen, ohne damit in Interaktion zu treten. Damit öffnest du einen neutralen Raum, der den Boden für konstruktive, erlösende Prozessarbeit schafft. In diesem Raum kannst du auf allen Ebenen arbeiten und deine Erfahrung leitet dich zur Stelle, an der du ansetzen kannst.

Wenn du Arzt bist, arbeitest du primär auf der Ebene der vitalen Körperfunktionen. Als Psychologe interessieren dich die Emotionen und ihre Auswirkungen. Die Arbeit mit spirituellen Methoden, wie Rückführungstechniken, Integrationstechniken oder inneren Visionen, findet auf den höheren entscheidungs- und universellen Ebenen statt.

Die Ebenen sind übergreifend, je mehr Wissen und Erfahrungen du hast, desto einfacher und leichter kannst du auf allen Ebenen „spielen". Die Ebenen solltest du nicht getrennt voneinander betrachten.

Ich arbeite in der Einzeltherapie unter anderem mit der Methode der Zielaufstellung, wie sie von Dr. Chuck & Lency Spezzano gelehrt wird. Diese basiert auf der inneren Visionssuche und damit auf den Grundlagen des Buches *Ein Kurs in Wundern.*

Meine Ausbildung in Tiefenpsychologie bei Dr. Peter Reiter (*1955 bis † 2013), einem Schüler von Chuck & Lency Spezzano, konnte ich im Juni des Jahres 2010 mit Zertifikat abschliessen.

Reiter war selbst promovierter Philosoph, Mystiker und Musiker mit Bühnenerfahrung. Er hat die Methoden, welche er bei seinen Lehrern studierte, in einer eigenen Ausbildung unter dem Namen *Dynamische Aufstellungen* zusammengefasst und weiterentwickelt. Bei ihm lernte ich auf meine medialen Fähigkeiten zu vertrauen und zu erkennen, was der gegenwärtige Moment offenbart. Wenn du verstehst, dass die Antwort auf jede Frage in einem einzigen Moment, nämlich im Hier und Jetzt, liegt, vergeht jeder Stress und der Anspruch, irgendwoher die Lösung für ein Problem zu suchen. Wichtig ist, dass du offen bleibst und keine fixen Vorstellungen darüber hast, wohin der Weg führen soll. Die „Kunst des Prozesslesens" beschränkt sich nicht nur auf die Therapiearbeit. Diese Art der Wahrnehmung kannst du in deinem Alltag üben und verfeinern. Dafür braucht es Achtsamkeit, für alles, was um dich herum geschieht. Wenn gerade in diesem Moment die Glocken läuten oder das Martinshorn ertönt, ist auch das eine Botschaft für dich. Versuche dann herauszufinden, was Glocken symbolisieren oder zu welchem Zweck das Martinshorn zur Anwendung kommt.

Prozesslesen kannst du in jedem Augenblick deines Lebens. Alles, was dir vor deinen Augen begegnet, hat eine Bedeutung und eine Botschaft. Darauf kannst du dich verlassen und deine Wahrnehmung dahingehend schulen. Kein Tier kreuzt zufällig deinen Weg, kein Plakat steht ohne Grund genau da, wo es ist. Kein Wort wird gesprochen, ohne dass es dir einen Hinweis auf verborgene Aspekte aus deinem eigenen Unterbewusstsein gibt. Selbst wenn ein Licht plötzlich angeht oder auslöscht, gibt es dir damit ein Zeichen, das du beachten und erforschen kannst.

Diese Phänomene sind Ausdruck von Verbindungen in unbewusste Ebenen. Wenn du sie lesen kannst, erkennst du darin die Botschaft und die Unterstützung aus anderen Dimensionen. Diese Botschaften sind Losungen. Losungen sind eine Art Türöffner, sie sind Erkennungsworte einer Gruppe untereinander. Nichts geschieht zufällig.

Die Methode der Zielaufstellung kannst du als Therapeut in der Einzelsitzung anwenden. Du bestimmst zu Beginn der Sitzung in Absprache mit dem Klienten ein Ziel, einen tiefen Wunsch, der sich erfüllen soll. Das kann zum Beispiel *Verbindung zum wahren Selbst*, *Erfolg im Beruf* oder *die glückliche Beziehung* sein.

Nun bittest du den Klienten, den räumlichen Abstand zu wählen, der ihn von der Erfüllung dieses Wunsches trennt.

Wenn du das Hindernis benennen kannst, hilft dir der Therapeut mit geeigneten Methoden, das betreffende Thema aufzulösen. Dann gehst du einen Schritt vorwärts zum nächsten Thema, das dich noch hindert. Mit jedem Schritt kommst du näher an die Erfüllung deines Ziels

Mit dieser Methode bekommst du Zugriff auf höchste und tiefste Bereiche und kannst dir jedes erdenkliche Wunschziel erarbeiten. Im Verlauf einer solchen Sitzung kommen alle Ebenen, die relevant sind, wie durch ein Wunder, an die Oberfläche. Es können sich auch Ahnen zeigen, verlorene Seelenteile oder ein Bezug des Themas zu früheren Leben oder Situationen aus der aktuellen Inkarnation.

Lass uns beginnen und in diese faszinierende Welt eintauchen!

Das Haus der Kindheit

Eure Kinder sind nicht eure Kinder.
Sie sind die Söhne und Töchter der Sehnsucht des Lebens nach sich selber
Sie kommen durch euch, aber nicht von euch,
Und obwohl sie mit euch sind, gehören sie euch doch nicht.
Ihr dürft ihnen eure Liebe geben, aber nicht eure Gedanken,
Denn sie haben ihre eigenen Gedanken. Ihr dürft ihren Körpern ein Haus geben, aber nicht ihren Seelen. Denn ihre Seelen wohnen im Haus von morgen, das ihr nicht besuchen könnt, nicht einmal in euren Träumen.
Khalil Gibran, der Prophet

Ganz tief in jeder Seele wurzelt das Trauma des verlorenen Paradieses. Dieser Verlust ist so schmerzhaft und vom Hintergrund des freien Willens her absolut unverständlich.

Könntest du es locker nehmen und dich ganz in dieses Abenteuer der Menschwerdung hineinbegeben, würde daraus nicht mehr und nicht weniger als eine Erfahrung in der Dimension der Materie. Der Verstand ist es gewohnt, Gründe zu suchen. Wenn er keine logische Erklärung findet, beginnt er zu zweifeln, sich selbst in Frage zu stellen und letztlich zu verurteilen.

Das ist der Beginn der Selbstangriffe, welche sehr schmerzhaft sind und deshalb oft schnell nach außen, auf ein Gegenüber, projiziert werden Wenn du dich selbst angreifst, greifst du auf höchster Ebene auch den Schöpfer an, weil du ja als Seele, aus der göttlichen Einheit kommst.

Es gibt nicht wenig Menschen, die behaupten, nicht freiwillig auf dieser Erde zu sein. Sie denken, Gott hätte sie aus dem Paradies vertrieben. Sie geben ihm die Schuld für die schrecklichen Dinge, die ihnen und auf der Welt geschehen. Aus Sicht des freien Willens und der Selbstbestimmung, die dein menschliches Grundrecht sind, ist dies ein Abwälzen der Verantwortung. Du kreierst damit einen Konflikt, der unbewusst bis zur universellen Ebene zurückgeht, in der du als Kind Gottes das Paradies verlassen musstest.

Das ist der Konflikt auf höchster Ebene, der dir immer wieder in Beziehungen, insbesondere mit männlichen Partnern, begegnet.

Konflikte mit weiblichen Personen, wie Mutter, Partnerin, Schwester oder Vorgesetzter, zeigen deinen Widerstand gegen die Inkarnation und die Verbindung mit Mutter Erde. Dieser Konflikt wird sich in allen Schwierigkeiten spiegeln, die du mit deiner Mutter in der Zeit deiner Kindheit erlebst. Sie gehen auf deine Weigerung zurück, die irdischen Bedingungen anzunehmen, so wie sie sind und dich darauf einzulassen. Ich gebe dir später Fallbeispiele aus der Praxis, in denen ich diese Thematik mit den Klienten zusammen in einer therapeutischen Sitzung angeschaut habe.

Erinnere dich daran, wie es ist, wenn du dir im Kino einen Film angeschaut hast. Nach Ende der Vorstellung kannst du dich nicht sofort lösen und bleibst für einige Zeit innerlich in der Welt jenes Darstellers verbunden mit dem du dich am stärksten identifiziert hast.

Als Kind lebst du sehr lange im selben Film wie deine Eltern, weil dein Überleben von ihnen abhängt. In deinen ersten vier Lebensjahren wirst du geprägt von deiner Umgebung. Als Kind siehst du vielleicht, wie dein Vater leidet. Weil du selbst den Märtyrertypus in dir erlösen willst, solidarisierst du dich mit ihm und seinem Leid. Du überlegst nun, weshalb er so sehr leidet und machst deine Beobachtungen. Du spürst sein gebrochenes Herz, du spürst eine verlorene Liebe. Du kannst nicht verstehen, was oder wen er verloren hat.

Es sind doch alle da. Die Mutter, deine Geschwister. Du beginnst nun zu kombinieren, dass deine Mutter, die du oft schwach oder fordernd, meist aber abweisend und abwesend erlebst, der Grund sein muss, dass der Vater so leidet. Du beginnst in deinen Gedanken, die Mutter zu verurteilen, sie sei so schwach, so abhängig und verdiene keine Achtung.

Die Frau oder der Mann mit dem schwachen, ablehnenden Mutterbild möchten unbewusst die Geschichte ihrer Mutter und ihres Vaters heilen. Ihre Eltern haben sie nicht erlösen können, aber sie haben sich mit ihnen solidarisiert. Sie haben sich hingestellt und gesagt: „Ich bin für dich da, ich gebe dir das, was du von deinem Partner nicht bekommst."

Damit kann es geschehen, dass ein Mädchen die Rolle der Mutter übernimmt und im systemischen Kontext Partnerin des Vaters wird. Der Vater spielt dann die größte Rolle in ihrem Leben. Er wird zu ihrem Lebensinhalt und sie tut alles, um ihn glücklich zu machen. Als Junge kann es geschehen, dass du deiner Mutter den abwesenden Partner ersetzen willst. Egal ob er noch im Haushalt lebt oder die Familie verlassen hat, wenn er seine Rolle und Autorität nicht übernimmt, bleibt der Platz leer und du versuchst das auszugleichen.

Die Rolle, die du übernimmst, hängt fortan wie ein Bild in deiner inneren Galerie.

Du weißt, wie es mit Ausstellungen ist. Du gehst hin, weil du dich für den Künstler interessierst oder weil du schon viel von ihm gehört oder gesehen hast.

Es kann auch sein, dass diese Kunst dich fasziniert und du sie näher kennenlernen und verstehen möchtest.

Du liebst es vielleicht, wenn es möglichst bunt ist. Es kann auch sein, dass dich chaotische, abstrakte Bildern anziehen. Oder du möchtest ergründen, weshalb stilisierte Bilder dich in ihren Bann ziehen. Es reicht dir nicht, die barocken Engelsgestalten nur in sakralen Gebäuden zu sehen, du wünschst sie dir in deiner Nähe. In der Malerei gibt es unzählige Stilrichtungen und Sujets. Sie sind so vielfältig wie das Leben selbst, weil sie ein Abdruck des Lebens sind.

Du gehst in die Galerie, weil du die Bilder in echt sehen möchtest. Diese Bilder sind mit deinen eigenen Ansichten und Überzeugungen und unbewussten Konstellationen in Resonanz.

So ist es auch mit der Wahl, die du triffst, wenn du in eine ganz bestimmte Familie inkarnierst.

Jedes Kind wächst heran und hört den Ruf des eigenen Lebens. Das Mädchen verlässt vielleicht früh das Elternhaus, weil seine Seele die Verstrickung mit dem Vater und die schwache Mutter erkannt hat. Das Mädchen sagt sich, wenn ich weg bin von zu Hause, bin ich frei. Es kleidet sich in moderne, ausgefallene Kleider und sieht im Spiegel vor sich nicht, dass es den schweren Rucksack aus dem Haus seiner Kindheit mitgenommen hat.

Ich verrate dir etwas, solch ein Mädchen kann unglaublich stark sein. Sie schafft es locker, das eigene Leben zu leben und gleichzeitig den Rucksack zu tragen. Sie schafft es, im Beruf erfolgreich zu sein. Sie schafft es solange, bis sie eigene Kinder bekommt. Dann reicht ihre Energie nicht mehr aus. Ihre Kinder spüren, genauso wie sie es früher gespürt hat, die unerlöste Not der Eltern. Das Karussell beginnt sich wieder von vorne zu drehen. Sie hat jetzt die Kinder, die sie versorgen muss. Mit ihrem eigenen schwachen Mutterbild zieht sie per Resonanz einen Mann an, der selbst einen Mangel an Mutterliebe und Urvertrauen hat. Damit hat sie quasi ein weiteres Kind, das versorgt werden möchte.

Der Mann, den sie getroffen hat, um mit ihm eine Familie zu gründen, hat vielleicht einen großen Hass auf seine Mutter, somit hat er sich nie von ihr ablösen können. Dann wird es noch dramatischer. Er wird diese ganzen tiefsitzenden Emotionen und die Verletzungen seiner Kindheit, die er im Verhältnis zu seiner Mutter erlebt hat, auf seine Frau projizieren. Die Frau, die er jetzt projiziert, ist nun aber abhängig von ihm, genauso, wie er früher von der Mutter abhängig und ihr ausgeliefert war.

Mit dem energetischen Vater an der Seite des Mädchens, das nun selber Partnerin und Mutter ist, kann es für den Mann, mit dem sie lebt, keine Chance auf eine wirkliche Liebesverbindung geben. Ganz einfach deshalb, weil der Platz des Partners nicht frei ist. Genauso, wie sie ein verzerrtes, sehr subjektives Bild von dem *armen Vater* in ihrem Kopf hat, verzeiht sie jetzt ganz viele Demütigungen, Angriff auf ihren Selbstwert und auf ihre eigene Integrität, weil sie die Schuld für das Unglück des

Mannes in ihrer eigenen Erfahrung mit der Mutter sieht, die es nicht gestemmt hat, eine ideale Mutter und Partnerin zu sein.

Vor diesem Hintergrund wird die junge Frau entscheiden, selbst eine perfekte Mutter zu sein. Sie gibt alles und opfert ihre eigenen Ansprüche. Das fällt ihr nicht wirklich schwer, weil sie ihre persönlichen Bedürfnisse selbst nicht kennt und sie schon gar keine Erfahrung damit hat, wie es ist, wenn diese erfüllt werden. Sie gibt alles aus ihrer eigenen Kraft, denn ihr fehlt das gefüllte Gefäß, woraus sie die Mutterliebe schöpfen kann. Sie gibt also, ohne selbst zu haben. Was sie geben kann, ist Liebe. Mit dieser Liebesfähigkeit wurde sie geboren, es ist ihr Kapital. Diese Liebe entspringt aber nicht aus der Selbstliebe, sondern aus dem Muster heraus, andere zu lieben.

Kinder sind feinfühlig. Sie spüren die Ungereimtheit in dieser Geschichte. Sie können die Erfahrung aber nicht einordnen und so erleben sie die Mutter im entsprechenden Archetypen, als Märtyrer, Opfer oder Heilige. Sie entwickeln dadurch oft ein überhöhtes Mutterbild. In ihren eigenen Geschichten, insbesondere dann, wenn sie ein Mann sind, ist es später beinahe unmöglich, eine Frau zu finden, die das Ideal der guten Mutter, das sie in sich tragen, erreichen kann. So bleiben sie innerlich in einer ungesunden Abhängigkeit von ihrer Mutter, die das eigene Drama kompensiert hat.

Wenn die Frau ihr Mutterbild nicht kompensiert, lebt sie genauso wie ihre Mutter. Sie verurteilt diese ja aufs Tiefste. So beginnt sie auch sich selbst, meist unbewusst, zu verurteilen. Genau wie ihre Mutter entzieht sie sich den Kindern. Ein wirksames Modell für diesen Entzug ist in der heutigen Welt, die Kinder gleich nach der Babypause in fremde Hände zu geben. Kindertagesstätten sprießen wie schnell wachsende Pilze aus dem Boden. Kinder werden also für zwei, drei oder gar fünf Tage in der Woche in die Auswärtsbetreuung gegeben. Damit haben die Eltern keinen Einfluss auf die frühkindliche Prägung. Diese Prägungsphase beginnt ab dem ersten Tag nach der Geburt. Es ist die Zeit, in der das Betriebssystem und die Basisprogramme auf dem inneren Computer installiert werden.

Mit dem Weggeben des Kindes, in fremde Hände, lässt du zu, dass ein Betriebssystem installiert wird, das du nicht selbst wählen kannst. Dessen bist du dir aber nicht bewusst. Du hast Erfahrungen mit deinem eigenen Betriebssystem und wunderst dich jetzt, dass du das Betriebssystem deines Kindes nicht zu bedienen weißt. Gräme dich nicht zu sehr, wenn du das hörst. Deine Mutter hatte vielleicht früher ein Kindermädchen oder eine Großmutter, welche dich beim Aufwachsen begleitet und geprägt haben. Heute ist es die Kita. Das ist im Lebensskript deines Kindes so geplant, weil vielleicht der Speicherplatz seiner Gegenwartsfamilie zu belegt ist. Im positiven Fall ist es für das Kind eine Bereicherung. Etwa so, wie wenn es zweisprachig aufwächst. Die Realität zeigt aber, dass Kinder, welche zweisprachig aufwachsen, oftmals Mühe mit beiden Sprachen haben und ihnen immer wieder Wörter oder Bezeichnungen im einen oder anderen sprachlichen Ausdruck fehlen.

Mütter, die ihre Kinder so früh weggeben, trauen sich manchmal die Mutterschaft nicht zu oder finden es zu anstrengend, Kinder aufzuziehen. Sie versuchen es erst gar nicht, denn es könnte ja sein, dass sie scheitern, so wie ihre Mutter gescheitert ist. Es kann auch sein, dass sie vom neuen Rollenbild der Frau geprägt sind, die sich emanzipiert und nicht mehr vom Mann abhängig sein will. Sie leben dann den männlichen Part des beruflichen Erfolges bzw. der gesellschaftlichen Anerkennung. Sie könnten alles verwirklichen, wenn sie noch mit dem Wissen der Zyklen der Natur verbunden wären.

Es hat alles seine Zeit. Die Zeit der Mutterschaft geht vorbei. Sie wandelt sich mit jeder Phase der Entwicklung des Kindes. Das heißt, nach und nach gibt es wieder Freiraum für die Mutter. Es hätte also gereicht, einen Fuß im Beruf zu behalten, um später wieder einzusteigen und Erfolge zu feiern.

Viele Frauen haben in den vergangenen Jahren ihre Verletzungen tatsächlich heilen können. Dies kann nur geschehen, wenn du anfängst, dich mit dir selbst und deinen Mustern und Verstrickungen auseinanderzusetzen. Das haben viele Frauen getan.

Sie gingen auf die Suche nach sich selbst und nach geeigneten Lehrern. Ich sage dir, wenn dir eine Situation mehr als zwei Mal in deinem Leben begegnet, dann hast du ein Thema damit. Akzeptiere dann, dass es dein Thema ist das du allein es erlösen kannst. Der erste Schritt ist dabei, dass du Hilfe suchen und annehmen kannst. Es ist auch eine Wertfrage; du sollst erkennen, dass du wertvoll bist und Hilfe verdient hast.

Die Männer haben noch etwas Aufholbedarf, wenn es darum geht, Hilfe von außen anzunehmen. Ihre Devise war über lange Zeit: „Ich brauche keine Hilfe, ich schaffe das alleine, selbst ist der Mann, das wäre ja noch schöner, ein solches Weichei zu sein. Wenn es dann gar nicht anders geht, kreiere ich mir eine Depression oder ein Burn-out, einen Unfall oder eine Krankheit. Dann habe ich einen legitimen Grund auszusteigen." Mit diesem Verhalten steigst du vielleicht aus deiner Ehe, deinem Job oder deiner Verpflichtung als Vater aus. In deinem zugrunde liegenden Problem bist du aber stärker gefangen als vorher. Aussteigen, mit welchen Mitteln auch immer, ist nicht die Lösung.

Erinnere dich, *erkennen-akzeptieren-verzeihen*. An diesem Punkt setzt eine unglaubliche Transformationsenergie ein. Diesen Prozess kannst du aber nicht auf der mentalen Ebene machen. Dazu gehören die Gefühle, auch das Fühlen des Schmerzes, das du doch so lange zu verhindern versuchtest.

Wenn deine Eltern nicht mehr da sind oder dir nicht das geben konnten, was du als Kind gebraucht hättest, kannst du über die Verbindung, die du zu den inneren Quellen aufbaust, jederzeit die mütterliche und väterliche Energie des Vertrauens, der Stärkung, der Fülle und der inneren Führung beziehen.

Nach der buddhistischen Lehre gibt es drei Zustände, die uns in Schmerz, Abhängigkeit und Verstrickung führen. Es sind die Anhaftung, der Widerstand und die Verwirrung. Diese Ursachen zu erkennen und an der Lösung zu arbeiten, bedeutet, in Freiheit, Frieden und Klarheit zu kommen. Spätestens mit 52 Jahren, wenn ein persönlicher Umlauf des Mayakalenders beendet ist, kannst du nicht mehr die Eltern für deine Schwierigkeiten und Probleme verantwortlich machen.

Es lohnt sich aber, dich einzulassen und dich im Spiegel deiner Beziehungen selbst zu erkennen.

Die perfekte Mutter

Das Lebensthema von Alena ist es, eine perfekte Mutter zu sein.

Sie ist das erstgeborene Kind eines Paares mit alter Aufgabenverteilung. Die Geburt von Alena ermöglicht ihrer Mutter, zu Hause zu bleiben und in ihrer Rolle als Mutter und Hausfrau zu leben. Der Wunsch ihres Partners nach einem eigenen Kind passte da genau in ihren Plan. Mit einem Kind war alles einigermaßen zu schaffen, auch wenn sie sich das Kinderkriegen und -aufziehen einfacher vorgestellt hatte.

Damals gab es noch keine Verhütungsmittel und so kamen nach Alena, dreieinhalb Jahre später, Zwillinge zur Welt. Die Zwillingsgeburt kam völlig überraschend. Für das dritte Kind musste in Windeseile alles organisiert werden. Das bedeutete insbesondere für ihre Mutter eine große Herausforderung. Die Mutter hatte jetzt einen Rundumjob und wenig bis gar keine Zeit für sich selbst. Diese Situation frustrierte sie und machte sie unzufrieden und zunehmend ablehnend gegenüber ihren Kindern. Diese ungewollte Situation wirkte sich auch belastend auf ihre Partnerschaft aus. Das Verhältnis zwischen Alenas Eltern war mehr als unterkühlt und schwankte zwischen Machtkampf und frustriertem Schweigen. Alena war schon als Kind äußerst sensibel und feinfühlig. Sie spürte die Überforderung ihrer Mutter und begann bereits als Zweijährige die Verantwortung für ihre Geschwister zu übernehmen. Sie war in unablässiger Sorge um das Wohl ihrer Geschwister und sicherte mit ihrem Einsatz für die Familie, einigermassen erfolgreich, deren Erhalt. Alena hat von ihrer Mutter kein Urvertrauen ins Leben mitbekommen.

Als Alena selbst Mutter von zwei Kindern wurde, wollte sie jetzt alles anders machen. Sie kompensierte den Mangel ihrer Kindheit mit großem Einsatz für ihre eigenen Kinder. Die Kinder wurden zu ihrem Lebensinhalt. Sie wollte unter Beweis stellen, dass sie eine gute Mutter sei. Eine schlechte Schulnote oder ein unangemessenes Benehmen der Kinder, vor allem wenn es in der Öffentlichkeit geschah, kratzte an ihrem eigenen Wert. Sie hat dann das Gefühl, nicht perfekt zu sein und in ihrer Mutterrolle versagt zu haben. Deshalb versuchte sie, den inzwischen erwachsenen Kindern, Steine aus dem Weg zu räumen, an denen sie hätten wachsen können.

Seit sie ihr Muster der Überfürsorge erkannt hat, arbeitet Alena daran, dieses Muster aufzulösen.

„Immer für andere da? Wege aus der Überverantwortlichkeit!“ (2000) war der Titel eines Buches über Sorgenspinnen und Lastenesel. Es ist leider vergriffen, über das Internet und Antiquariaten kann man noch gebrauchte Ausgaben finden. Die Erkenntnis, eine Sorgenspinne oder ein Lastenesel zu sein, hilft schon sehr, sich selbst zu beobachten und dieses Verhalten gezielt aufzulösen. Sorgenspinnen finden immer wieder etwas, worüber sie sich Sorgen machen, Lastenesel umgehen keine Last, die sie sich aufladen können. Das geschieht tief unbewusst und kann gelöst werden, wenn es erkannt wird.

Die Kinder von Alena sind inzwischen erwachsen. Alena hat eine therapeutische Ausbildung gemacht und ist heute selbst eine weise Beraterin. Sie engagierte sich über längere Zeit in der Sterbebegleitung. Nach einer persönlichen Diagnose, schwer erkrankt zu sein, wurde ihr bewusst, dass sie ihr eigenes Leben noch gar nie gelebt hatte. Sie erkannte, dass sie sich nicht mehr Sterbenden, sondern dem Leben, ihrem eigenen Leben, zuwenden wollte. Ihre Heilung erfolgt in Schritten. Sie kann immer besser loslassen.

Im kleinen Rahmen machen wir eine Aufstellung; Alena steht vor Mutter. Ich fordere sie auf, der Mutter ihre Verantwortung zurückzugeben. Das fällt Alena sichtlich schwer. Wut kommt hoch. Es scheint, als sei es die Wut auf die Mutter. Ich bitte sie darum, einen energetischen Austausch mit der Mutter zu machen und schlage ihr einen Lösungssatz vor: „Liebe Mutter, ich gebe dir heute die Verantwortung zurück, die ich als Kind übernommen habe. Es ist dein Job. Bitte gib mir meine Kindheit zurück, damit ich ganz werde."

Alena hat Mühe, diese vorgegeben Formulierung zu übernehmen. Sie macht eigene Ausführungen und Erklärungen zu ihrer Geschichte. Lösungssätze in der systemischen Aufstellung sind klar und effektiv. Ich versuche es nochmals mit dem Lösungssatz. Alena macht wieder ihre eigenen Ausführungen.

Ich schaue sie an und sage zu ihr: „Du hast einen Autoritätskonflikt, du bist nicht bereit von mir den Lösungssatz zu übernehmen. Du machst lieber dein eigenes Ding. Das ist die Ursache für die ganze Erfahrung, die du mit deinem Leben und deiner Mutter machen wolltest. Du bist in Konkurrenz mit der Mutter und dem Frauenarchetyp. Ich bin auch eine Frau, deshalb fällt es dir schwer, meine Worte zu übernehmen. Das ist die wirkliche Ursache. Es ist das Thema deines Lebens, das du lösen möchtest; die Konkurrenz zur Frau und Mutter zu beenden. Wenn du ein Konkurrenz und Autoritätsthema mit der Mutter hast, bist du innerlich auch in dir getrennt, weil du als Frau und Mutter in der selben Rolle steckst. Mit diesem Widerstand bist du in Auflehnung gegen dich selbst."

Alena fällt es wie Schuppen von den Augen. Sie ist sehr berührt und geht zur Mutter hin und sagt zu ihr: „Liebe Mutter, ich habe deine Verantwortung übernommen, weil ich mir selbst beweisen wollte, dass ICH die perfekte Mutter bin. Ich gebe dir alles zurück, was dir gehört, bitte gib mir das zurück, was zu mir gehört. Es tut mir leid, ich habe dich gebraucht, damit du mir mein Lebensthema aufzeigst. Dafür danke ich dir von Herzen. Ich entlasse dich jetzt für meinen Teil aus dieser Rolle."

Die Stellvertreterin der Mutter ist ebenfalls sehr berührt. Zu Beginn der Aufstellung war sie sehr kalt und ablehnend. Ihr Körper bekommt Leben, die Augen beginnen zu glänzen: „Danke, Kind, ich bin froh, dass wir dieses Thema heute zusammen angeschaut haben. Ich nehme alles zurück, was zu mir gehört."

Alena und ihre Mutter geben sich gegenseitig frei. Alena ist nun bereit, die Mutter zu umarmen. Mit dieser innigen

Umarmung kann sie die mütterlichen Wurzeln und die Mutterliebe annehmen.

Das ist Heilung. Alena lernt jetzt anzunehmen, anstatt immer zu geben. Es gibt ein neues Miteinander, anstelle von Konkurrenz und Verurteilung.

Das Miteinander im goldenen Zeitalter zeigt sich in allen Bereichen, von Familie, Partnerschaft, Beruf und Öffentlichkeit.

Heilung geschieht immer ganzheitlich und im Verständnis dafür, wo die Ursachen für ein Problem oder eine Erkrankung ist. Die Auswirkungen sind sichtbar, die Ursache, die dahinter steckt, ist nicht bekannt. Entscheidungen werden auf der Ursachenebene getroffen. In Alenas Beispiel geht es um einen Mutterkonflikt. Alena möchte beweisen, dass sie eine gute Mutter ist, mehr noch, dass sie besser ist als ihre eigene Mutter. Deshalb wählt sie sich eine Familie, in der die Mutter ihre Rolle nicht einnimmt. Alena will diese übernehmen und der Mutter beweisen, dass sie besser ist. Es ist ein verdeckter Machtkampf zwischen ihr und der Mutter. Der Preis ist es, keine Kindheit zu haben und über lange Zeit im Thema der „guten Mutter" gebunden zu sein.

Wer sich sehr sorgt, befindet sich in einem Zustand andauernder Angst. Das Fatale ist, dass ängstliche Eltern ihre Kinder mit dieser Angst auch wieder prägen. Ängstliche Kinder werden zu ängstliche Erwachsenen und so geht es immer weiter. Kinder, die andauernd kontrolliert und zugetextet werden, nehmen sich oft aus dem Geschehen heraus. Sie sind dann nicht mehr ansprechbar und flüchten sich in ihre eigene innere Welt. In dieser Welt sind sie die furchtlosen Helden oder Ritter, die keine Angst kennen.

Damit kompensieren sie die Angst ihrer Umgebung und leben in einer virtuellen Welt, in der sie von TV und Computerspielen unterstützt werden.

Angst hemmt die Lebensfreude und mindert die Chance, im Leben erfolgreich zu sein. Das Feld der Angst ist das größte überhaupt. Davon lebt insbesondere die Pharmaindustrie bestens.

Im Buch Hiob steht geschrieben:

Denn, was ich gefürchtet habe, ist über mich gekommen, was mich sorgte, hat mich getroffen. (Hiob 3,25)

Wer sich vor Krankheit fürchtet, wird krank. Wer Angst hat, den Job zu verlieren, verliert oft die Arbeitsstelle. Wer Angst hat, bei einer Prüfung zu versagen, hat es schwer, erfolgreich zu sein. Wer eifersüchtig den Partner kontrolliert, kann sich darauf vorbereiten, dass er ihn wirklich verliert.

Familiengeheimnisse

Jede Ahnengeschichte wirft ihre Schatten. Das neugeborene Kind braucht Umstände, die dem Wachstum der Seele am besten dienen. Seine Seele will sich weiterentwickeln und über sich hinauswachsen. Das frühkindliche Umfeld spiegelt unbestechlich seine eigenen Themen, die es als Seele bearbeiten will. Nun funktioniert das aber nicht so salopp, wie es sich vielleicht anhören mag. Wenn es das Ziel einer Seele ist, in diesem Leben in die innere Freiheit zu kommen, wird sie vorerst den Schatten dieser Freiheit erleben. Das ist in diesem Fall die Erfahrung von Verstrickungen, Abhängigkeit und großer Ohnmacht. Mehr als bei anderen Themen spielen Schuldgefühle eine große Rolle. Jedem Gefühl, die Freiheit verloren zu haben, geht eine Erfahrung voraus, wie es ist, eingesperrt zu sein.

Normalerweise wird man eingesperrt, wenn man ein Verbrechen verübt hat.

Verbrecher gehen mit dem Urteil, ins Gefängnis gesperrt zu werden, ganz unterschiedlich um. Einige akzeptieren, dass sie einen Fehler gemacht haben. Dann sitzen sie ihre Zeit im Gefängnis ab und kommen, sozusagen geläutert, aus dieser Erfahrung. Ein hoher Anteil von Verbrecher ist aber uneinsichtig und baut noch mehr Widerstand gegen Recht und Gesetz auf. Diese greifen dann Mithäftlinge oder das Aufsichtspersonal an und schlagen, nicht selten, in ihrer Zelle alles kurz und klein. Damit zeigen sie ein hohes Aggressionspotenzial. Aggression und Gewalt liegen nahe beieinander. Das Ventil der Aggression ist die Gewalt. Wer Gewalt ausübt, ist eine Gefahr für Leib und Leben seines Umfeldes. Wenn diese Gewaltausübung in den Familien, in der eigenen Familie geschieht, wird sie oft lange nicht aufgedeckt. Trotzdem wirkt diese Aggression bei den Nachkommen, so lange bis sie erkannt und aufgelöst wird.

Wolfgang hat eine eindrückliche Lebensgeschichte. Darin spielen Aggression und Gewalt eine dominierende Rolle. Wolfgang wurde als erstes Kind seiner Eltern geboren. Auffällig an seinem Vornamen ist es, dass seine männlichen Vorfahren, bis auf drei Generationen zurück, alle denselben Vornamen trugen.

Wolfgang ist überzeugt, dass er mit seiner Geburt das Leben seiner Mutter zerstört hat. Die Mutter hatte wohl noch andere Pläne für ihre Selbstverwirklichung. Wolfgang wurde im Jahr 1955 geboren, seine Mutter war zu diesem Zeitpunkt 28 Jahre alt.

Wolfgang entwickelte sich schnell zum Feindbild der Mutter. Die Mutter war frustriert über ihre neue, ungewollte Rolle. Das wirkte sich auf ihre Zufriedenheit aus. Dies wiederum trübte das Verhältnis zwischen den Eheleuten. So hatte Wolfgang, kurz nach seiner Geburt, auch seinen Vater gegen sich. Dieser war sehr gewaltbereit und machte seinen Aggressionen Luft, indem er gnadenlos zuschlug. Schon als Säugling, etwa wenn Wolfgang weinte, um seine Bedürfnisse zu zeigen, machte er Erfahrungen mit diesen Schlägen. Später bei einer Therapiesitzung kam bei ihm das Bild hoch, dass ihn seine Mutter erwürgen wollte, weil sie sein Schreien nicht mehr hören wollte. Als zufällig sein Vater ins Zimmer kam, ließ seine Mutter von ihrem Vorhaben ab, so überlebte Wolfgang.

16 Monate nach der ersten Geburt bekam das Paar einen weiteren Sohn. In der Erziehung dieses Kindes kompensierten sie an ihm den Psychoterror und die Gewalt, die sie am Erstgeborenen auslebten. Dieser Sohn war ihr Liebling. Ein Sonnenschein, mit blauen Augen und blonden Haaren.

Wolfgang hat so die Rolle des Bösen bekommen. Dieser Rolle machte er alle Ehre. Er war ein verstocktes, schwieriges Kind. Obschon er die Folgen kannte, hörte er nicht auf, seine Mutter und seinen Vater zu provozieren. Er rebellierte auf seine ganz eigene Weise. In der Schule benahm er sich auffällig und erbrachte nur minimale Leistungen. Wenn er deshalb zum Schulpsychologen geschleppt wurde, gab er so passende, lammfromme Antworten, dass der gute Fachmann keine Ahnung mehr hatte, was er den Eltern raten könnte. Wolfgang war von seinem Charaktertyp her eher langsam und träge. Seine Schulleistungen waren solange im Minusbereich, bis der blaue Brief ins Haus flatterte. Auf diesem stand geschrieben, dass seine Versetzung in die nächste Klasse gefährdet sei. Dieser Brief, der regelmäßig eintraf, konnte Wolfgang im Nu zu Höchstleistungen motivieren. Er schrieb ein paar erstklassige Zensuren und schon war seine schulische Versetzung nicht mehr gefährdet.

Die Mutter von Wolfgang war Meisterin im Verdrehen von Tatsachen. Schein war ihr wichtiger als Sein. Er hat sie als Kind genau beobachtet. Er erzählt, dass seine Mutter zu Hause eine Furie war. Auswärts aber, im Kirchenchor zum Beispiel, sang sie mit wundervoller, engelsgleicher Stimme. Außerhalb der Familie wurde sie von allen gelobt, was für eine fürsorgliche Mutter sie sei. Sein und Schein, das hatte Wolfgang in seiner Kindheit täglich studieren können. Eine seiner großen Begabungen ist es heute, Unwahrheiten zu „riechen" und Wahrheit von Lüge genauestens unterscheiden zu können.

Es gibt Menschen, die ihm vorwerfen, ein Verschwörungstheoretiker zu sein. Oft aber stellen sich die Dinge nach längerer Zeit genauso heraus, wie er es gesagt hatte. Durch seine Erfahrungen und wohl auch aufgrund seines astrologischen Skorpion-Aszendenten, kennt er sich aus mit den Geschichten der Unterwelt. In der Welt des Hades mangelt es nicht an Brutalität und Dunkelheit. Hades ist der griechische Gott der Unterwelt. Er ist der König der Toten und herrscht über die tief vergrabenen Leichen im Keller.

In der Geschichte von Wolfgang sind das keine leeren Worte. Später in seinem Leben fand er heraus, woher die Aggression in seinem Familiensystem kommt. Als Kind musste er innerlich immer in Alarmbereitschaft sein, um drohende Gefahren, wie emotionale Erpressung von Seiten seiner Mutter oder Ausraster seines Vaters, die regelmäßig in körperlichen Misshandlungen endeten, frühzeitig zu erkennen. Dieser Umstand führte zu einem Dauerstress in seinem System.

In der Familie seines Vaters hatten Aggression und Misshandlung der Kinder lange Tradition. Bis zurück zu seinem Urgroßvater trugen alle erstgeborenen Knaben denselben Vornamen. Mit dem Namen wird immer auch ein Teil der Geschichte weitergegeben.

Wolfgang wuchs heran. Sein Leben verlief äußerlich normal. Seine Widerstände, die sich vor allem in der Auflehnung gegen Eltern und Autoritätspersonen zeigten, waren nicht geringer geworden. Mit 14 Jahren machte er Bekanntschaft mit einem Mädchen. Sie war seine erste große Liebe. Auch ihr familiärer Hintergrund war dramatisch. Sie war ein Adoptivkind, das ebenfalls der gewaltsamen Willkür der Eltern ausgesetzt war. Es war eine tiefe, intensive Liebe zwischen den Beiden, die abrupt, wegen eines Missverständnisses, endete. Beide hatten nie gelernt, über ihre wirklichen Gefühle zu sprechen.

Im Alter von 23 Jahren heiratete Wolfgang seine erste Frau, die zu diesem Zeitpunkt von ihm schwanger war. Ein Sohn wurde geboren, der wiederum denselben Vornamen bekam, wie sein Vater, sein Großvater und sein Urgroßvater.

Ein weiterer Sohn machte zwei Jahre später die Familie komplett. Vor der Geburt des ersten Kindes begann Wolfgang die Ausbildung an einer höheren Fachschule, die er, im Gegensatz zu seinem Bruder, selbst finanzieren musste. Durch die Geburt seines ersten Kindes, die Familie und die Ausbildung war er dermaßen überfordert, dass er Zuflucht in übermäßigem Alkoholkonsum und exzessivem Zigarettenrauchen suchte. Später in seinem Leben hat er sich aus eigener Kraft von diesen Süchten lösen können. Wolfgang fehlten die Wurzeln und ein gutes Vertrauen zu sich selbst. Misshandelte und missbrauchte Menschen haben immer einen inneren Wertverlust. Trotz seiner Vorgeschichte, führte Wolfgang die Gewaltgeschichte seiner Ahnen an seinen Kindern nicht weiter und war ihnen ein liebevoller Vater.

Ein konventionelles und gesellschaftlich angepasstes Leben zu führen, war offenbar nicht das Endziel für Wolfgang. Er ist und war sehr wissensbegierig. Sein Interesse galt, neben der Elektrotechnik, die er zu seinem Beruf gemacht hatte, mythologischen und spirituellen Themen. Alles, was mit Grenzwissenschaften und der menschlichen Anatomie zu tun hat, faszinierte ihn stark. In seinen zahlreichen Ausbildungen, die ihn später zum Beruf des therapeutischen Heilers führten, wurde ihm immer stärker bewusst, dass er hellsichtig ist und den sogenannten Röntgenblick besitzt. Er braucht beispielsweise kein Anatomiebuch, weil er direkt in das Innere des menschlichen Körpers schauen kann.

Sein Forschergeist wurde gekrönt, als er anlässlich einer systemischen Familienaufstellung herausfand, was in seiner Vaterlinie wirklich geschehen war.

Es war insofern eine hochkarätige Aufstellung, weil mehrere medial begabte Stellvertreter anwesend waren. Bei dieser Aufstellung begann es wie immer. Wolfgang wählte einen Stellvertreter für sich und einen für die Aggression. Bald kamen sein Vater, sein Großvater und sein Urgroßvater dazu. Der Vater von Wolfgang hatte bereits dieselben Erfahrungen von Gewalt und körperlicher Misshandlung mit seinem eigenen Vater gemacht. Dieser hatte ihm anlässlich eines Streites gedroht, ihn zu erschießen. Es war knapp, das geladene Gewehr hatte er bereits auf seinen Sohn gerichtet.

Dieser Großvater wurde zur Hauptperson der Aufstellung. Der Stellvertreter konnte Informationen geben, die das Thema der Familie öffneten.

Der Urgroßvater von Wolfgang war bereits gewalttatig. In seiner Familie herrschte eine große Abneigung gegenüber männlichen Nachkommen. Söhne waren also unerwünscht. Das erste Kind des Urgroßvaters war ein Sohn. Auch das zweite Kind hatte das männliche Geschlecht. Es wurde erzählt, seine Frau und dieser zweite Sohn, seien im Wochenbett gestorben. Es war aber anders. Der Urgroßvater hatte wohl seine Frau und das Neugeborene mit einem Kissen erstickt. Dieser Film lief gleichzeitig bei verschiedenen hellsichtigen Teilnehmern der Aufstellung ab. Ein Familiengeheimnis wurde damit aufgedeckt.

Der erstgeborene Sohn, der später Wolfgangs Großvater wurde, musste als Zweijähriger mitansehen, wie seine Mutter und sein Bruder ermordet wurden.

Der Großvater von Wolfgang wurde energetisch und emotional überschwemmt von diesem Ereignis. Er war dem Geschehen hilflos ausgeliefert. Das System des Kindes wurde gefüllt mit zerstörerischer Aggression. Als erwachsener Mensch versuchte er diese Aggression loszuwerden, in dem er selbstgewalttätig wurde gegen seine Familie und seine Kinder. So ging das immer weiter. Solange bis jemand kam, um das Thema zu erlösen. Das tat Wolfgang, in der dritten Generation nach der schrecklichen Tat. So konnte diese Ahnenlast endlich gelöst werden.

Das Geschehen wurde übrigens später von einem Familienmitglied, welches davon wusste, bestätigt.

Die Landschaften, in denen das Spiel des Lebens beginnt, sind ganz unterschiedlich. Vielleicht findest du dich nach deiner Geburt in einer trockenen Wüstenlandschaft wieder, in der es nur wenig Vegetation und fast kein Wasser gibt. Die Temperaturen sind extrem, tagsüber sind sie unbarmherzig, heiß. In der Nacht wird es kalt. Gut für dich, wenn du ein stabiles Zelt und einen kuscheligen Schlafsack hast.

Es kann sich dir auch eine üppige Landschaft zeigen, wo alles vorhanden ist. Diese Klimazonen fordert nicht deine ganze Kraft für das nackte Überleben. Hier bist du den Rhythmen der Jahreszeiten unterworfen. Das heißt, deine Herausforderung ist es, flexibel zu sein, liebgewordenes immer wieder loszulassen, weil der Wandel des Klimas von dir verlangt, dich an neue Begebenheiten anzupassen. Um Frühling, Sommer, Herbst und Winter erfüllend zu erleben, braucht es Anpassung, Neuausrichtung und die Verlagerung der Werte und Ansprüche, die du an dich selbst und an die Mitspieler deines Lebens hast.

Alle diese Landschaften haben etwas gemeinsam: Sie bilden den Rahmen der Erfahrungen, die deine Seele sich als Bühnenbild gewählt hat.

Bei der inneren Visionssuche geben dir die gezeigten Landschaften viel Aufschluss darüber, in welchem Zustand deine Emotionen und dein Geist sind.

Waldwege haben, wenn sie bei der Prozessarbeit auftauchen, eine besondere Bedeutung: Jeder Baum ist eine Situation, ein abgespaltener Teil in der Geschichte, die gerade bearbeitet wird. Durch das „Zwischen-den-Bäumen-Laufen" werden diese Teile automatisch wieder zurückgeholt und integriert.

Interessant sind auch Gewässer, wenn sie in den Rückführungssitzungen auftauchen. Sie sind eine Aufforderung, etwas loszulassen, sich von etwas zu befreien und sich auf Seelenebene zu reinigen. Oft zeigen sich angenehm warme, kleine Seen, in denen man schwimmen kann. Das Bewegen im Wasser löst alte schmerzhafte Emotionen auf.

Die grünen Wiesen, auf denen du dich als Kind wieder spielen siehst, sind im Ausdruck der Heilung eines Teils deines inneren Kindes.

Das Leben ist ein Spiel

Doris ist eine attraktive 55-jährige Frau. Sie hat erfolgreich eigene Kinder großgezogen und bereitet in ihrem Beruf, den sie in Teilzeit ausübt, Kinder auf die Schule vor. Doris spielt gerne zur Entspannung mit ihrem Mann Gesellschaftsspiele. Wenn sie bei diesem Spiel verliert, wird sie unsicher und würde am liebsten abbrechen. In dieser Situation fühlt sich ganz klein und unfähig. Sie beginnt dann, an sich selbst und ihren Fähigkeiten zu zweifeln.

Ich bitte Doris, sich bequem hinzusetzen, die Augen zu schließen und das Gefühl nochmals abzurufen, das bei ihr hochkommt, wenn sie beim Spielen verliert. Doris kann sich mühelos in dieses Gefühl versetzen. Ich bitte sie, mir spontan zu sagen, wie alt sie ist, als sie das zum ersten Mal spürt. Sie sieht sich als fünfjähriges Mädchen, wie sie zusammen mit ihren Eltern und dem Bruder das Spiel „Mensch ärgere Dich nicht" spielt. Zwei ihrer Spielfiguren werden gerade überholt und sie muss damit zurück zum Haus. Der Bruder freut sich und Doris wird traurig.

Es kommt genau dieses bekannte Gefühl in ihr hoch. Ich frage sie, was sie über sich selbst denkt in diesem Moment. Sie überlegt kurz: „Ich finde mich total blöd, vor allem blamiert und unfähig. Manchmal lassen mich die anderen aus Mitleid ein Spiel gewinnen. Das ist für mich noch schwerer zu ertragen, es fühlt sich wie eine Demütigung an."

Ich frage Doris, ob sie das Gefühl von Blamage auch aus späteren Situationen in ihrem Leben kennt. Ja, das ist ein sehr bekanntes Gefühl. Sie ist sehr streng mit sich selbst und möchte alles tun, um sich nicht zu blamieren und perfekt zu sein. Wenn es ihr einmal nicht gelingt, stellt sie sich in Frage und greift sich an. Sie ist selbst ihr stärkster Kritiker.

Ich bitte Doris, den Weg zu sehen, den sie damals betreten hat, mit dieser Selbstverurteilung und dem Gedanken, nicht fähig zu sein und sich zu blamieren. Sie sieht den Weg. Er führt sie steil über einen schmalen Alpenweg hinauf und endet unter einem Felsvorsprung, knapp unter dem Berggipfel.

Unter diesem Felsen findet sie den einsamen und verlassenen Kinderteil, der das Spiel verloren hat. Das Kind sitzt mit dem Kopf gegen den Felsen und sieht Doris noch nicht. Dieser Kinderteil fühlt sich sehr dissoziiert an, er lebt in seiner eigenen Welt und hat keinen Bezug zur Realität. Immer, wenn Doris wieder in einer ähnlichen Situation in einem Spiel ist, so wie damals, meldet sich dieser Teil, weil er gesehen und verstanden werden möchte.

Ich bitte Doris, diesen Teil ganz vorsichtig anzutippen und ihm zu sagen: „Ich bin jetzt da. Ich sehe Dich und ich verstehe Deinen Schmerz und Deine Gefühle, die Du hast, wenn Du ein Spiel verlierst. Ich bin da, um Dich zu mir zurück, ins Leben, zu holen."

Der Kinderteil ist sehr bereit. Er lässt sich in die Arme nehmen. Zusammen gehen Doris und ihr wiedergefundener Teil den Weg zurück bis zum Anfang.

Ich frage sie, wie der Weg aussieht, der von hier aus weitergeht. Es ist ein Waldweg, dessen Ende nicht ersichtlich ist. Ich bitte Doris, diesen Weg entlang zu laufen. Der Wald, durch den sie läuft, ist dicht und lässt nicht viel Licht hinein. Links und rechts stehen Bäume unterschiedlicher Art. Am Ende des Weges leuchtet ein großes Licht. Ich bitte sie, zusammen mit ihrem Kinderteil, dem sie bereits einen Platz in ihrem Herz gegeben hat, in dieses Licht hineinzugehen. Dieses Licht breitet sich jetzt überall in ihrem Körper aus, um Heilung für ihre Geschichte zu bringen. Doris bleibt so lange in dieser lichtvollen Energie, bis sich ihr ganzes System damit aufgeladen und regeneriert hat.

Das Leben als Gewinner oder Verlierer zu erleben ist Teil einer wichtigen, dualen Erfahrung. Nur wenn du erlebt hast, wie es sich anfühlt, zu verlieren, kannst du Mitgefühl für Verlierer entwickeln.

Wenn du den Sieg kennst, kannst du dich an Zustände von überschäumender Freude erinnern oder auch an das Gefühl, besser zu sein als andere, die verloren haben.

Wenn du mit diesen Gefühlen in Resonanz bist, ist es besonders schwierig zu verlieren.

Spielen hat eine lange Tradition und ist nicht immer nur zur Freude oder zum Spaß ausgeführt worden. Das Ego prüft dich gerne im Spiel. Es testet dich, ob übermäßiger Ehrgeiz, Rachegedanken oder Unehrlichkeit noch zu deinen Mustern gehören.

In der Schweiz gibt es ein überaus beliebtes Kartenspiel, das Jassen. Dieses Spiel spielst du nicht alleine, sondern immer paarweise gegen zwei Gegner. Wie bei jedem Spiel gibt es da Spielregeln. Es gibt aber auch Strategien und Vorgehensweisen, um möglichst viele Punkte zu gewinnen. Das Spiel hat System und es ist von Vorteil, sich an die Strategien zu halten.

Doch wie in jedem Spiel braucht es auch Glück, wenn deine Karten nicht gut sind, wird es schwierig. Wenn dir dein Partner auch nicht mit guten Karten zu Hilfe kommen kann, nützen alle Strategien nicht viel. Dann spielst du vielleicht auf Risiko. Das kann funktionieren oder auch nicht.

Es gibt Menschen, die es nicht auf sich sitzen lassen können, ein Spiel zu verlieren. Sie werden angespannt und fallen in eine negative innere Haltung gegenüber dem Spiel und oft auch ihrem (Spiel-)Partner gegenüber.

Damit wird etwas aktiviert, das mit jedem Spiel geschehen kann. Aus dem Spiel wird ein Wettkampf, bei dem der Sieger eine Prämie bekommt. Die Prämie ist jetzt nicht einfach nur mehr Freude, sondern sie wird in materieller Form ausbezahlt.

Beim Wettkampf im Kartenspiel setzen die Gegner einen Preis fest, der beim Sieg von der Gegenseite zu bezahlen ist. Das heißt, dass Verlieren beim Spiel in Geld aufgewogen wird. Damit bist du ganz nahe am Glückspiel, das unberechenbar ist. Wenn du verlierst, zählst du auf das Glück und machst immer weiter.

Dann kann es geschehen, dass du viel Geld verspielst.

Das Jassen ist deshalb im Land der Eidgenossen sehr belastet. Es gab nicht selten Familienväter mit eigenen Geschäften oder einem Bauernhof, die ihr ganzes Hab und Gut auf diese Weise verspielt haben.

Diese Schicksale sind im morphischen Feld gespeichert. Deshalb enden solche Spiele, die eigentlich dem Spaß dienen sollten, nicht selten in verbalen oder gar tätlichen Auseinandersetzungen.

Die nachfolgende Geschichte zeigt dir auf, dass es auch möglich ist, mit schlechten Karten erfolgreich zu spielen

Der kleine Junge

Peter wurde in der ehemaligen DDR geboren. An seine ersten Lebensjahre kann er sich kaum erinnern. Wahrscheinlich herrschte in seiner Familie ein emotionaler Notstand. Die alten Erziehungsmethoden mit Ablehnung, Liebesentzug und vielen Verboten wurden selbstverständlich gelebt. Nach der Geburt der Schwester wurde die bereits kriselnde Beziehung seiner Eltern immer schlechter. Das Umfeld wurde gefühlsmäßig noch karger und liebloser und war durch viele Streitigkeiten geprägt. Als Peter vier Jahre alt war, zog seine Mutter einen Schlussstrich unter diese Ehe und warf ihren Mann aus dem Haus. Sie verbot ihm, die Kinder wiederzusehen und erzählte ihnen, dass der Vater sie nicht sehen wolle.

Alles, das mit Männern zu tun hatte, wurde von der Mutter schlecht geredet. Sie galten in den Augen der Mutter als unzuverlässig, verstockt und unbrauchbar. Ihren Sohn stellte sie zwischenzeitlich an ihre Seite als Partnerersatz. Er wurde instrumentalisiert und bekam seine Aufgabe als Haushaltshilfe, Babysitter für die Schwester und Ansprechpartner für seine Mutter. Wie alle Kinder, welche in einer solchen Weise von einem oder beiden Elternteilen benutzt werden, wurde Peter sehr verunsichert. Er bemühte sich, der Rolle, die ihm zugewiesen wurde, bestmöglich gerecht zu werden. Unbewusst übernahm er die Verantwortung für das Wohl seiner Mutter und seiner Schwester. Wenn er alle Anforderungen der Mutter erfüllte, gab es vielleicht ein bisschen Aufmerksamkeit und Anerkennung.

Seine Strategie war die Anpassung und die Flucht in seine innere Welt, in der es schön, hell und leicht war. Trotzdem konnte er sich dem Frust und der Enttäuschung seiner Mutter nicht entziehen, sie brannten sich ganz tief in seiner Seele ein.

Peter bekam also das Bild übermittelt, dass das Schlimmste, das es gibt, die Männer sind. Er versuchte alles zu tun, um ein guter Junge zu sein. Er passte sich an, versuchte mit der schwachen Kraft eines kleinen Kindes, die Bedürfnisse seiner Mutter zu erfüllen. Sein eigenes Leben, sein Selbst, spielte dabei immer weniger eine Rolle. Er wurde gezwungen, schnell erwachsen zu werden. Peter kannte keine unbeschwerte, entspannte Kindheit. Er war ein ruhiges, anspruchsloses Kind und später ein angepasster Pubertierender. Der Mutter konnte er oft nichts recht machen. Wenn sie sich wieder einmal über etwas oder ihn aufregte, sagte sie zu ihm: „Du bist genau wie Dein Vater."

Dieser Aussage – „Du bist genau wie dein Vater/deine Mutter" – bedienen sich viele frustrierte Eltern. Es ist definitiv das Schlimmste, das sie damit ihrem Kind antun können. Das so projizierte Kind versucht entweder alles noch besser zu machen, um das Bild von sich und dem entsprechenden Elternteil wieder ins Lot zu bringen, oder es beginnt, offen zu rebellieren. Es kann auch verdeckt rebellieren, in dem es versucht, besser als der angeschuldigte Elternteil zu sein. Es versucht dann, außerordentliche Leistungen zu erbringen oder sich die Liebe der Eltern zu erkaufen.

Peter stand seine Kindheit und Jugendzeit irgendwie durch. Seine Lebensbedingungen waren die einer Pflanze, die auf steinigem Boden in einem Lichtschacht wächst. Als ältester Sohn traf ihn die volle Ladung der Projektionen seiner Mutter. Daraus konnte er sich auch nicht lösen, als seine Mutter erneut heiratete und ein weiteres Kind zur Welt kam.

Als die obligatorische Schulzeit beendet war, machte er eine mechanische Ausbildung und vermochte es, sich nach Abschluss der Lehre vom Elternhaus zu lösen. Er verließ nicht nur das Elternhaus, sondern auch sein Heimatland und begab sich ins benachbarte Ausland. Zum ersten Mal fühlte er sich ein bisschen frei und seinem Gefängnis entronnen.

Peter trug das Bild des verachtungswürdigen Mannes in sich. Tief in seinem Unterbewusstsein keimte der Samen der Überzeugung, dass Männer schlecht und unfähig sind. Unfähig, richtig zu lieben und unfähig dazu, eine glückliche Paarbeziehung zu führen.

Peter fand relativ früh die Frau seines Lebens und gründete eine eigene Familie. Er ist ein wundervoller Vater für seine Kinder. Es ist folgerichtig, dass ihn in seiner Paarbeziehung die Schatten der Vergangenheit einholten. Gemäß dem Resonanzgesetz hat er eine Frau gefunden, welche dieselben Verletzungen in Bezug auf Männer hat, wie er sie von der ersten Frau in seinem Leben, seiner Mutter, erfahren hat.

Peters Geschichte ist noch nicht zu Ende. Er arbeitet unermüdlich daran, die Zusammenhänge zwischen seiner aktuellen Lebenssituation und der Vorgeschichte seiner Seele zu ergründen. Peter lässt nicht locker diese Muster anzuschauen und sie zu wandeln.

Er scheint eine alte Seele zu sein, die schon viele Erfahrungen gemacht hat. Mit seiner großen, wertfreien Erkenntnisbereitschaft geht er daran, die Verstrickungen und Schattenanteile zu erkennen und sie radikal zu erlösen.

Damit kommt er immer näher in Verbindung mit seinem starken, liebesfähigen Herz und seiner Kreativität.

Kinder können sich, wenn sie klein sind, nicht aus den Geschichten ihrer Eltern herausnehmen. Unbewusst saugen sie die Bilder und Überzeugungen ihrer Eltern wie ein Schwamm auf. Sie haben ein feines Gespür für das, was zwischen ihren Eltern geschieht. Unbewusst zieht es sie zu dem Elternteil, der ihr eigenes Lebensthema teilt.

Wenn du instrumentalisiert wirst gegen deine Mutter oder gegen deinen Vater, liegt deine eigene Heilung darin, diesen Kampf zwischen den Geschlechtern in deinem Leben aufzulösen. Dabei bietet dir das Umfeld deiner Gegenwartsfamilie und die Beziehung zu deinen Kindern eine große Chance. Kinder sind wie ein Spiegel, der die Themen sichtbar macht. Sie geben dir damit die Chance, deine eigenen Muster und Verhaltenswiesen zu erkennen und sie zu erlösen.

Es scheint einen Umstand zu geben, der sehr interessant ist. Danach steht das erstgeborene Kind näher beim Vater und spiegelt das Unterbewusstsein der Mutter. Das zweitgeborene Kind steht umgekehrt näher bei der Mutter und spiegelt das

Unterbewusstsein des Vaters. Diese Dynamik ist tatsächlich oft in Familiensystemen zu beobachten.

Dysfunktionale Familien

Kinder haben immer den Wunsch, dass ihre Eltern zusammenbleiben und die Familie bestehen bleibt. Tatsache ist, dass etwa die Hälfte aller geschlossenen Ehen in einer Scheidung endet. Für Kinder fühlt sich dies wie ein persönliches Scheitern an und sie haben nicht selten das Gefühl, selbst etwas falsch gemacht zu haben. Sie hätten so gerne die Beziehung ihrer Eltern gerettet, auch wenn das Umfeld dysfunktional oder gar toxisch war.

Später möchten diese Kinder alles besser machen, doch die Prägungen der Ursprungsfamilie wirken nach, und unbewusst suchen sie sich einen Partner aus, der ähnliche Verhaltensweisen hat wie die Mutter oder der Vater, den sie nicht retten konnten.

Die Autorin Robin Norwood schreibt dazu:

„Wenn Liebe für uns gleichbedeutend ist, mit Schmerz und Leiden, dann lieben wir zu sehr.
Wenn sich Gespräche meist nur um unseren Partner drehen, um seine Probleme, seine Gedanken, seine Gefühle –, wenn fast alle Sätze mit er/sie anfangen, dann lieben wir zu sehr.
Wenn er/sie sich uns gegenüber launisch, gereizt oder gleichgültig verhält, oder uns sogar demütigt und wir dieses Verhalten immer wieder entschuldigen, wenn wir uns sozusagen zu seinem Therapeuten machen, dann lieben wir zu sehr.
Wenn wir ein Selbsthilfebuch lesen und all die Stellen unterstreichen, von denen wir glauben, dass es ihm/ihr helfen könnten, dann lieben wir zu sehr.
Wenn wir die Charakterzüge des Partners, seine Einstellungen und Verhaltensweisen, die wir eigentlich ablehnen, in dem Glauben hinnehmen, dass er/sie sich uns zuliebe ändern wird, wenn wir nur attraktiv und verständnisvoll genug sind, dann lieben wir zu sehr.
Wenn die Beziehung zu einem Partner unser seelisches Wohlergehen, vielleicht sogar unsere körperliche Gesundheit und Sicherheit gefährdet, dann lieben wir zweifellos zu sehr.

Zu sehr lieben – diese Erfahrung ist unbefriedigend und schmerzhaft. Doch ist sie so weit verbreitet, dass wir versucht sind zu glauben, sie gehöre zum Wesen einer wirklich engen Beziehung."
Robin. Norwood, Wenn Frauen zu sehr lieben rororo-Sachbuch 1985, S. 9, Vorwort

Kinder aus dysfunktionalen Familien verlassen ihr Elternhaus früh oder gar nicht. Unter dem Anspruch, es muss doch möglich sein, eine glückliche Beziehung zu führen, werden Menschen aus dysfunktionalen Beziehungen co-abhängig, weil sie selbst süchtig sind. Sie sind süchtig nach Liebe, Anerkennung, Geborgenheit und Achtung. Die Lektion, welche das Thema der Abhängigkeit erteilt, ist die der Erkenntnis, dass es Achtung von außen nicht geben kann, wenn keine Selbstachtung vorhanden ist. Liebe ohne Selbstliebe ist nicht frei von Bedingungen. Der beste Weg, etwas zu bekommen, ist der Weg, es zu geben. Dieses Geben ist nur möglich, wenn ein entsprechend gefülltes Gefäß vorhanden ist. Selbstachtung drückt sich darin aus, die eigenen Bedürfnisse zu kennen und sie ernst zu nehmen. Andere Menschen wirklich zu lieben, bedeutet tolerant zu sein und sie frei zu lassen.

Um in die Heilung zu kommen, musst du erst erkennen, wie sehr du dich abhängig und klein gemacht hast und wie sehr du dich mit dem, der dich quält, solidarisierst. Aus Kriminalfällen kennt man das Phänomen von Geiseln, die sich mit ihren Entführern solidarisieren. Dieses sogenannte Stockholm-Syndromentsteht aus einer großen Traumatisierung und einer Auflösung gesunder Grenzen heraus. Ablehnung und Überloyalität sind zwei Seiten derselben Medaille.

Jedes Wesen, das geboren wird, ist zuerst einfach nur abhängig und bedürftig. Bei Tierkindern dauert diese existenzielle Abhängigkeit meist relativ kurze Zeit. Bei Menschenkindern ist das anders. Ein Baby kann nicht sprechen, nicht laufen, es hat keine Möglichkeit, selbst an Nahrung zu kommen. Seine Beweglichkeit ist begrenzt, sein ganzes Leben hängt ausschliesslich von seiner Mutter ab. Je nach Umfeld und äußeren Bedingungen kann sich das Baby nicht nur abhängig, sondern auch ausgeliefert fühlen. In dieser ersten Zeit nach der Geburt wird der Grundstein zum Urvertrauen des Kindes gelegt. Es hat sehr begrenzte Möglichkeiten, um seine Bedürfnisse auszudrücken.

Wenn es Glück hat, bekommt es alles, was es braucht. Nahrung und Pflege werden für das körperliche Überleben benötigt. Liebe und Hinwendung braucht es für sein gefühlsmäßiges Wohlbefinden. So verhält es sich im Idealfall. Die Realität sieht oft anders aus. Die Eltern sind im Stress, haben Streit oder Sorgen. Dadurch wird das Feld um das Baby herum schwer, dunkel und unsicher. Ausweichen geht nicht, Davonlaufen auch nicht. Es bleibt ihm nur eine einzige Wahl: Das Ganze irgendwie auszuhalten und seine eigene Überlebensstrategie zu entwickeln.

Diese Strategien haben eine Wirkung und zeigen sich auch in der Entwicklung des jeweiligen psychologischen Archetypen und des Körpertyps. Es gibt verschiedene Ansätze der Körpertypenlehre.

Um die Zeit des 2. Weltkrieges herum gab es drei namhafte Wissenschaftler, die zu Begründern der körperorientierten Psychotherapie wurden. Wilhelm Reich, John Pierrakos und Alexander Lowen verfassten umfangreiche Werke im Bereich von Charakteranalysen, Körperbau und Core-Energetik. Darin beschrieben sie Verhaltensmuster und Reaktionsweisen der verschiedenen Körpertypen. Insbesondere John Pierrakos verstand es, als jüngster dieser drei Wissenschaftler, eine Brücke zwischen dem bioenergetischen Ansatz und der spirituellen Dimension in der Entwicklung der menschlichen Seele herzustellen.

Der Körpertypus eines Menschen wird nicht nur von den vorherrschenden Genen, sondern auch sehr stark von seinen Erfahrungen bestimmt.

Bereits die pränatalen Umstände und die Art der Geburt wirken sich prägend auf die Struktur des menschlichen Körpers aus. Die Körpertypen spiegeln auch die Art der Reaktion des Menschen auf Gefahr und Bedrohung.

Die autonomen Reaktionen des Nervensystems und des sogenannten Reptiliengehirns sind bekannt und werden in analytischen, medizinischen und psychologischen Therapien gedeutet.

Das autonome Nervensystem kennt drei Hauptreaktionen auf Gefahr, welche stark vom jeweiligen Energie-Level und Aufbau des Körpertyps abhängen.

Ein Mensch mit wenig Energie und Kondition wählt den Totstellreflex. Ein mutiger, selbstbewusster Mensch entscheidet sich naturgemäß für den Angriff. Der gut trainierte, ausdauernde Mensch wird die Flucht als Mittel wählen, um der Gefahr zu entkommen.

Nach diesem archaischen Schema funktionieren alle Lebewesen in den unterschiedlichsten Gefahren-Situationen.

Jedes Kind wird genau in das Umfeld hineingeboren, wo es am besten das Thema seines eigenen Lebens ergründen und sozusagen studieren kann. Auch hier beginnt bereits die Spiegelwirkung. Damit du eine Not verstehen kannst, musst du sie erst einmal erleben. Wenn du sie erlebt hast, darfst du sie analysieren. Wenn du sie analysiert hast, darfst du sie verstehen. Wenn du sie verstanden hast, darfst du sie akzeptieren. Erst wenn du das Geschehen akzeptierst, kannst du dich damit versöhnen und es in Frieden loslassen. Dann ist das Thema gegessen und du steigst aus dem Samsara, dem Rad der ewigen Wiederholungen, aus. Die Buddhisten benennen das als Ende des Karmas. Karma wirkt nur solange, bis du die Botschaft hinter den Ereignissen verstanden hast.

Die Erfahrung der Abhängigkeit ist die erste prägende Erfahrung im Leben jedes Menschen. Bereits die ersten Reaktionen darauf verraten dir etwas über deinen Charakter. Du entscheidest dich gemäß deiner eigenen Anlagen, aber auch aufgrund deiner Ahnenprägung unbewusst für eine bestimmte Strategie. Du hast verschiedene Möglichkeiten zur Auswahl. Du kannst dich anpassen oder auflehnen. Du kannst dich zurückziehen oder gleich wieder gehen. Egal was geschieht, es ist deine Lebensgeschichte.

In dieser frühen Phase deines Lebens wählst du den Weg, mit dem du glaubst, am besten überleben zu können. Die Auswahl, die du treffen kannst, ist groß. Du kannst dich entscheiden, ein Rebell zu werden. Vielleicht versuchst du es lieber mit dem Archetyp des Märtyrers? Es gibt auch die Strategie, dich anzupassen, damit du Konflikten ausweichen kannst. Diese Rollen helfen dir, näher an an dein eigenes Lebensthema zu kommen, das in deinem Unterbewusstsein verborgen ist.

Deine Seele hat sich getrennt und die göttliche Einheit verlassen. Der Grund dafür, weshalb sie das getan hat, ist ein großes, ungelöstes Mysterium.

Viele Dichter und Philosophen haben sich damit befasst und versucht dieses Geheimnis aufzudecken.

Auf dem Weg zurück scheint es einen roten Faden zu geben. Es ist die Sehnsucht und die innere Überzeugung, dass es eine verlorene, vergessene Welt der Einheit und des Friedens gibt.

Diese Sehnsucht ist die Motivation, das Leben nicht aufzugeben und die Suche nach der ursprünglichen Heimat fortzusetzen. Jeder Schmerz, den du erlebst, ist Ausdruck dieses Verlustes.

Was hat die Seele dazu bewegt, aus der vollkommenen Einheit in eine unwirtliche, dichte Welt der Trennung zu gehen?

War es Langeweile, Übermut oder wirklich der Aufstand gegen Gott und das Licht? Diese Theorie scheint mir am plausibelsten. Demnach ist die Trennung bereits im Himmel entstanden, weil ein Licht (Luzifer) heller sein wollte als das Christuslicht. Das könnte sein. Die Anhänger des vermeintlich helleren Lichts haben sich abgespalten und eine neue Bleibe gesucht. Egal ob Gut oder Böse – alle fühlen sich etwas Höherem verpflichtet.

Der Grund für diese Urtrennung war demnach ein Konkurrenzgedanke.

Konkurrenz hat eine tiefe 3D-Schwingung, deshalb ist die Seele immer tiefer gefallen.

Dieses Konzept gefällt mir. Da kommen mir die Ausführungen zur Jakobsleiter im entsprechenden Kapitel dieses Buches in den Sinn. Darin habe dir die Qualitäten der einzelnen Stufen nähergebracht. Wenn ich den Aufstieg über diese Leiter machen kann, habe ich folgerichtig auch den Abstieg darüber vollzogen. Paradoxerweise ist die erste Stufe dieser Leiter nicht die unterste, sondern die oberste. Von dieser Stufe aus begann dein Abstieg in die Dichte der Materie und von dort aus steigst du wieder auf, bis du zurück in der Einheit bist.

Die Geschichte vom verlorenen Sohn zeigt diesen Prozess wundervoll auf. Schritt um Schritt, mit jeder neuen Stufe, erinnerst du dich wieder an dein göttliches, königliches Sein.

Die Prüfung für den verlorenen Sohn ist es, dieses göttliche Sein wieder anzunehmen und in das Haus des Vaters einzutreten.

Das Leben geht weiter

Simon ist 35 Jahre alt und Vater eines kleinen Sohnes. Er hat in den letzten zwei Jahren eine zusätzliche Berufsausbildung gemacht und steht in den Vorbereitungen zu den Abschlussprüfungen. Wie gewohnt, lasse ich ihn erst einmal seine Geschichte erzählen.

Obschon Simon eher zurückhaltend wirkt, schildert er mir sein Problem flüssig und klar. Schnell bekomme ich Informationen, die ich brauche, um mir ein Bild zu seiner Situation zu machen. Simon erzählt:

„Mein Beruf als Schreiner gefällt mir total gut. Ich liebe es, kreativ zu sein und die gestalterische Arbeit in der Schreinerei ist meine Leidenschaft.

Im Moment werde ich in der praktischen Arbeit für die Abschlussprüfung vorbereitet. Das geht so: ‚Ich bekomme die Vorgabe, ein Möbelstück herzustellen. Jetzt passiert immer dasselbe. Bereits, wenn ich die Aufgabe lese, habe ich das Gefühl, dass ein Kartenhaus in meinem Inneren zusammenbricht. Ich werde unsicher und in meinem Kopf ist alles leer. Ich bin völlig blockiert.'"

Simon ist verzweifelt: „So schaffe ich die Prüfung nie! Was kann ich tun?"

Ich bitte Simon, sich an die letzte Situation zu erinnern, als es wieder passiert ist. „Oh", sagt Simon, „daran erinnere ich mich genau, das war vor zwei Tagen. Ich bekam den Plan für das Möbelstück und es geschah genau das, was dann immer passiert."

„Ok, das schauen wir an, bist du bereit?" Anhand eines Therapiegespräches begebe ich mich mit Simon zusammen auf eine innere Reise.

Th Schließe bitte Deine Augen und gehe in den Moment, vor zwei Tagen, zurück, wo es wieder passiert ist. Wo bist du da gerade?

S Ich stehe in der Schreinerei und bekomme den Plan für meine Prüfungsaufgabe in den Hände. Jetzt geschieht genau das, was ich schon kenne. Das Kartenhaus fällt zusammen, der Kopf ist leer und es geht einfach gar nichts mehr.

Th Ist es das erste Mal, in deinem Leben, dass dir das geschieht?

S Nein, das ist mir immer wieder passiert.

Th Erinnerst du dich, wann es dir zum ersten Mal passiert ist?

S Ja, da war ich etwa 13 Jahre alt.

Th Gehe mal zurück in die Situation, als es zum ersten Mal passiert ist. Wo bist du da?

S Ich sitze zu Hause in meinem Zimmer und sollte für eine Prüfung lernen. Jetzt habe ich genau dieses Gefühl. Es wird innerlich dunkel und es fühlt sich an, wie wenn ein Kartenhaus zusammenfällt. Mein Kopf ist total leer und jetzt kommt auch ein unangenehmes Ziehen in meiner Magengegend dazu. Ich bin sicher, dass nichts weitergehen wird bei der bevorstehenden Prüfung.

Th Wie gehst du mit dieser Situation um? Was beschließt du zu tun? (Entscheidungsebne)

S Ich sage mir, dass ich mich einfach mehr anstrengen muss und setze mich sehr unter Druck. Doch je mehr ich mich jetzt vorbereiten will, umso weniger geht noch etwas in meinen Kopf hinein. Ich bin völlig blockiert.

Th Kannst du jetzt mal fühlen, wie es ist, wenn man sich so unter Druck setzt. Was ist das für ein Weg? Wo führt er hin?

S Es ist ein steiniger Weg. Jetzt sehe ich eine Felshöhle vor mir.

Th Magst du da mal hineingehen? Siehst du etwas?

S Nein es ist dunkel, meine Augen müssen sich erst an die Dunkelheit gewöhnen.

Th Hier in dieser dunklen Höhle ist ein Teil von dir. Der 13 jährige Schuljunge, der sich so unter Druck gesetzt fühlt und keinen Ausweg gefunden hat. Kannst du ihn schon sehen?

S Ich kann ihn nicht genau sehen und erkenne nur Umrisse.

TH Vielleicht rufst du mal: „Ist jemand da?"

S Es antwortet niemand.

Th Bitte deine unsichtbaren Helfer, deine Schutzengel, um eine Lampe, damit du die Höhle ausleuchten kannst. Kannst du etwas sehen?

S Ja, hier an der rechten Seite, da sitzt jemand.

Th Aha, das scheint der Teil von dir zu sein, den du abgespaltet hast mit deiner Angst vor der Prüfung. Was macht er?

S Er macht sich ganz klein und hält die Hände schützend vor sein Gesicht.

Th Hattest du früher Angst vor deinem Vater oder Lehrern, wenn eine Prüfung nicht gelungen ist?

S Nein, Angst war es nicht, vielmehr großer Respekt. Ich wollte immer alles gut, ja sogar perfekt machen, damit man mit mir zufrieden ist.

Th Gehe zu dem Jungen hin und sage ihm: „Du fehlst mir. Vor allem dann, wenn ich eine Prüfung machen muss. Schau! Ich bin heute da, um dich aus dieser Höhle zu holen. Ich habe viel gelernt in den letzten Jahren. Ich weiß, tief in meinem Innern, dass ich es kann. Ich hole dich heute hier ab, um dir zu zeigen, dass WIR es können." Nimm den 13-jährigen Jungen an der Hand und führe ihn zum Ausgang der Höhle. Wie sieht es jetzt draußen aus? Was gibt es für eine Landschaft?

S Ich sehe eine Waldlichtung vor mir. Die Sonne scheint durch die Wipfel der Bäume.

Th Das ist gut. Der Junge aus der Höhle braucht etwas Zeit, damit sich seine Augen an das Tageslicht gewöhnen können. Siehst du noch etwas auf der Waldlichtung?

S Ja, da stehen zwei Hirsche und in der Mitte der Lichtung befindet sich ein kleiner Teich.

Th Gehe bitte mit deinem neugefundenen Teil zu dem Teich hin und schaue dir das Wasser an. Wie sieht es aus?

S Es ist glasklar und sobald ich es berühre, erkenne ich, dass es angenehm warm ist.

Th Zieht beide eure alten Kleider aus und genießt in diesem Teich ein entspannendes, ausgiebiges Bad. Freut euch, bewegt euch und schwimmt im klaren Wasser, damit alles Dunkle und Schwere von euch abfallen kann. Am Ufer des Teiches gibt es jetzt ein schönes Feuer, da könnt ihr eure alten, muffligen Kleider, die jetzt nicht mehr passen, verbrennen. Badet und genießt Freude und Reinigung im Wasser – so lange, bis ihr genug habt. Dann könnt ihr zusammen aus dem Teich steigen. Ihr seht einen Engel, der mit einem weichen, großen Tuch auf euch wartet. Dieses Tuch legt er jetzt um euch beide. Es ist warm und angenehm. In dieser Wärme kannst du dich mit deinem neugefundenen Teil wieder verbinden. Stell dir vor, dass er ganz in dich hineinsinkt, dass ihr wieder Eins werdet. Du bekommst jetzt auch neue Kleider. Lass dich zu einem Platz führen, wo dein Schutzengel auf dich wartet. Er hat ein Geschenk für dich, kannst du es sehen?

S Ja, es sieht wie eine glänzende Discokugel aus, die sich bewegt und ein richtiger Blickfang ist.

Th Was ist die Botschaft dieser Kugel? Was kannst du mit ihr machen?

S Ich kann sie in mein Herz nehmen, dort glänzt sie und ist in strahlender Bewegung.

Th Ja, genau. Mit dieser Discokugel kannst du nicht mehr erstarrt und leer sein. Sie hat eine große Dynamik und bringt Leben in alles, was du tust. Genieße den Ort auf der Waldlichtung noch so lange, wie du es brauchst. Dann kannst du dich recken und strecken und ganz ins Hier und Jetzt zurückkommen.

Th Du hast das wundervoll gemacht. Danke.

Bei den Rückführungen in meiner Praxis geht es ganz locker zu. Der Klient ist in einem erweiterten Bewusstseinszustand und merkt oft gar nicht, dass er zurückgeleitet wird. Früher hat man die Menschen in eine Trance versetzt oder gar hypnotisiert. Das braucht es im neuen Zeitalter nicht mehr. Die Ebenen von Bewusstsein, Unterbewusstsein und Überbewusstsein sind verbunden und können miteinander spielen und kommunizieren. Die Seele spricht immer in Bildern. Über den Verstand gibt es keine Verbindung zu diesen tiefen Schichten, wo ein Problem wirklich seine Wurzeln hat.

Wenn Gewässer auf der inneren Reise auftauchen, gibt es die Möglichkeit, sich zu befreien, sich zu reinigen. Simon bekam in der Sitzung ein gelbes Badetuch. Diese Farbe ist symbolisch gesehen interessant. Gelb ist die Farbe des Wissens und der Weisheit. Auch die Hirsche haben eine tiefere Bedeutung. Hirsche stehen als Krafttier für eine Öffnung und Erweiterung. Den Hirsch nennt man auch den König des Waldes. Ihm gebührt Achtung und er hat Autorität. Sein Geweih zeigt seine Verbindung zu anderen Dimensionen. Das hat Simon sehr geholfen, die Bilder zu seiner Geschichte mühelos zu finden. Lachend sage ich zu Simon: „Du wirst ein hochkarätiger Schreiner! Diese Auszeichnung musst du dir nicht im Außen erarbeiten, ich sehe sie bereits in Dir!"

Ich bin sehr beeindruckt von Simon. Er hat noch nie zuvor auf diese Weise gearbeitet. Trotzdem konnte ich ihn mühelos führen und begleiten. Er ist ein Kind der neuen Zeit. Hellsichtig und mehrdimensional. Jede Generation hat Pioniere. Die Kinder, die ab zirka Mitte 1975 geboren wurden, sind vor allem darin gefordert, mit ihrer hellsichtigen Wahrnehmung umzugehen und darauf zu vertrauen.

Kinder sind wahre Lehrer. Sie haben einen Zugang, der uns meist verloren gegangen ist. Diese Kinder wissen einfach genau, wie es ist. Wenn sie nicht mental konditioniert sind, haben sie eine unglaubliche Intuition und einen Scharfblick. Mit ihren Kommentaren treffen sie ins Schwarze. Sie sind eine Art „Engel der Pfeile".

Ihre Sicht der Dinge kommt aus der Ebene der Erweiterten Wahrnehmung und der Vernetzung.

Konditionierungen, Erwartungen und Vorgaben von Eltern, Lehrern und Gesellschaft verunsichern sie oft in ihrem späteren Leben. Sie beginnen dann an sich zu zweifeln, wenn ihre einzigartige Wahrnehmung scheinbar nicht mit der Realität im Äußeren übereinstimmt. Es ist ihnen nicht bewusst, dass sie Zugang zu anderen Dimensionen haben, welche nicht für alle sichtbar sind.

Man hat versucht, die neuen Kinder zu katalogisieren. Man liest von Indigo-, Regenbogen-, Sonnen- und Kristallkindern. Diese Aussagen haben schon etwas für sich. Allesamt sind sie Kinder mit erweiterten DNS-Anlagen, die mit ihrer Anwesenheit in dieser Zeit, die Geburt des neuen, goldenen Zeitalters unterstützen.

Das Regenbogen-Kind

Meine erste Sitzung von heute ist für Leonie reserviert. Leonie ist eine schlanke, lebhafte Frau, Anfang vierzig. Sie lebt mit ihrem Partner und den zwei Kindern, die im Teenageralter sind, zusammen. Leonie arbeitete mehrere Jahre im Familienbetrieb mit. Vor einiger Zeit verspürte sie den Wunsch, sich beruflich zu verändern. Nach kurzer Zeit fand sie eine passende Stelle. Es gefällt ihr am neuen Arbeitsplatz. Hin und wieder geschehen dort Ereignisse, die sie heute mit mir näher beleuchten möchte.

Leonie ist eine sehr zuverlässige Person, die hohe Maßstäbe an sich selbst stellt. Sie hat eine schnelle Auffassungsgabe. Halbe Dinge zu machen, entspricht nicht ihrer Art. Um ihr Tagessoll perfekt abzuschliessen, arbeitet sie manchmal freiwillig eine Stunde länger. Damit hat Leonie ungewollt ihren direkten Mitarbeiter aufgeschreckt, der diesen freiwilligen Einsatz kritisiert und in Frage stellt, weil er darin eine Gefahr für seine eigene Position im Betrieb sieht. Die Äußerungen dieses Mannes verunsichern sie sehr. Sie hat das Gefühl, der Mitarbeiter sei, wie sie sagt, eine tickende Zeitbombe. Das bringt sie an den Punkt, wo sie sich an der neuen Arbeitsstelle nicht mehr sicher und wohl fühlt. Die Äußerungen ihres Kollegen lösen in Leonie Gefühle von Stress und Ohnmacht aus. In dieser Situation wird sie innerlich wie gelähmt, blockiert und sprachlos. Sie möchte herausfinden, was der Grund für ihre starke Reaktion ist.

Als Therapiemethode wähle ich für heute das Werkzeug der Rückführung, der inneren Reise. Ich gebe hier den Dialog mit Leonie wieder:

Therapeutin (Th) Setz dich bitte bequem auf deinen Stuhl, schließe die Augen und erzähle mir genau, was passiert ist.

Leonie (L) Ich bin im Büro zusammen mit meinem Mitarbeiter. Völlig unvorbereitet sagt er etwas, das bei mir als Kritik und Angriff ankommt.

Th Erzähl mir, wann dir das passiert ist. Was tust du gerade? Womit bist Du beschäftigt?

L Es ist das Ende meines Arbeitstages, ich habe gerade mein Pult aufgeräumt und will nach Hause gehen.

Th Ok. Du bist im Büro. Wo genau befindest du dich in diesem Moment?

L Ich stehe am Pult. Mein Mitarbeiter sitzt so halbwegs vor seinem PC. Ohne Vorwarnung kritisiert er meinen Arbeitseifer auf abfällige Weise. Ich kann nichts dazu sagen, mir fallen keine Worte ein. Ich bin völlig blockiert.

Th Gehe jetzt innerlich genau zu diesem Moment zurück, wo du die Aussage des Mitarbeiters bekommst. Was lösen seine Worte gefühlsmäßig in dir aus? Was verändert sich in deinem Körper? Und bitte…vergiss nicht zu atmen! (Leonies Körper befindet sich in einer Schockstarre, was sich durch den Atemunterbruch zeigt.)

L Es zieht mir im Herzbereich alles zusammen, wie wenn sich eine Kralle um mich legt. Der Bauch reagiert auch– mit Unruhe, Druck und unangenehmem Stressempfinden.

Th Kennst du dieses Gefühl? Oder ist es das erste Mal, dass du solche Gefühlswahrnehmungen hast?

L Ich kenne dieses Gefühl, es ist nicht neu.

Th Wenn du wüsstest, wie alt du warst, als du dich zum ersten Mal so gefühlt hast, wie alt könntest du da gewesen sein?

L Ich bin noch klein, 5 Jahre alt.

Th Wo bist du? Ist jemand bei dir? Was ist passiert?

L Ich bin zu Hause in unserer Stube. Mein Vater ist eben nach Hause gekommen von seinem Polizeidienst. Wenn er von seinem Dienst kommt, bringt er Stress und chaotische Energie mit. Ich fürchte mich vor meinem Vater, weil er so unberechenbar ist und aus dem Nichts heraus „explodieren“ kann. Das habe ich immer wieder erlebt und ich bin so hilflos.

Th Du bist jetzt dieses kleine Kind, das sich so hilflos fühlt. Was beschließt du in diesem Moment zu tun, um mit der Situation mit deinem Vater umzugehen?

K Ich beschließe, nichts zu sagen. Ich schlucke meine Worte quasi hinunter und verziehe mich, ich gehe in den Rückzug.

Th Fühle jetzt bitte mal diesen Rückzug und das Hinunterschlucken. Was ist das für ein Gefühl? Wie sieht dieser Weg aus, auf dem du Rückzug machst? Wo führt er dich hin?

L Dieser Weg führt mich durch eine Häuserschlucht in einer Großstadt und plötzlich kann ich nicht weiter gehen. Ich bin in einer Sackgasse. Vor mir steht ein Hochhaus, da kann ich nicht durch.

Th Siehst du das kleine Mädchen, das vor dem Hochhaus auf der Straße sitzt?

L Ja, ich sehe es, das bin ich!

Th Du erkennst dich. Wie alt bist du?

L Ich bin etwas sieben Jahre alt. Das sehe ich, weil ich noch meine kleinen Zöpfe trage, auf die ich so stolz bin.

Th Kannst du auf das Mädchen zugehen und ihm sagen, dass du jetzt da bist, dass du es jetzt siehst? Sag ihm, dass du voll verstehst, weshalb es hier ist. Wie reagiert das Kind?

L Es schaut mich an und freut sich.

Th Kannst du es an der Hand nehmen und ihm sagen, dass du gekommen bist, um es aus der Sackgasse hinauszuführen. Was meint das Kind dazu?

L Es strahlt mich an und gibt mir vertrauensvoll seine Hand.

Th Nimm dein Kind an der Hand und drehe dich jetzt mit ihm zusammen um. Lauft gemeinsam den Weg zurück, aus der Sackgasse bis zu dem Punkt, wo das Kind hineingegangen ist.

L Ah ja, wir sind da.

Th Wie sieht die Landschaft aus? Ist es immer noch diese Betonstadt oder hat sich etwas verändert?

L Wir stehen jetzt am Eingang von einem großen, grünen Park. Es fühlt sich hier leicht an. Da gehe ich hinein.

Th Gibt es einen Ort, wo du jetzt mit deinem Kind in diesem grünen Park hingehen möchtest?

L Es gibt da eine Bank, da möchten wir uns hinsetzen.

Th Ja, mach das, setze dich auf diese Bank und nimm hier dein Kind in deine Arme. Gib ihm alles, was es braucht. Verständnis, Liebe, Geborgenheit. Bitte den Himmel um ein Geschenk. Ein Geschenk, nur für euch beide. Was ist das Geschenk? Kannst du es sehen?

L Ja, es ist ein großes, rotes Herz.

Th Frage das Herz, wozu du es dir dient, wo es hingehört.

L Das Herz ist mein Herz, es gehört dahin (legt beide Hände auf das organische Herz). Es gehört mir und meinem Kind. Ich lege es in meinen Herzensraum und dem Kind gebe ich auch genau hier in meinem Herzen seinen Platz.

Th Wundervoll. Bleib solange auf diesem Platz, wie du es brauchst. Wenn du bereit bist, öffne deine Augen und komme ganz ins Hier und Jetzt zurück.

Leonie ist wieder ganz da und schaut mich sehr entspannt an. Sie hat einen wichtigen abgespaltenen Kinderteil integriert. Immer wenn sie in eine ähnliche Situation gekommen ist, hat dieser Teil in ihr auf dieselbe Weise reagiert. In ihrer Kindheit hat ihr der Rückzug gedient, um sich in der Situation mit ihrem Vater zu schützen. Heute braucht sie dieses Sich-Schützen nicht mehr. Sie hat diesen Teil des inneren Kindes geheilt und befreit.

Leonie schaut mich mit großen Augen an und fragt mich, was diese ganze Geschichte mit ihrem Mann zu tun haben könnte? Es muss doch einen Zusammenhang geben mit seinem Muster, dass er nicht mehr spricht, wenn sich die Diskussion zu einem

Streitgespräch entwickeln könnte. In einer solchen Situation zieht er sich nämlich zurück und ist nicht mehr erreichbar.

Ich muss ein bisschen schmunzeln und frage Sie, ob sie nicht den Zusammenhang erkenne? Dein Mann hat genau dasselbe Muster wie du. Auch er schluckt seine Argumente hinunter und geht auf Distanz. Das hast du bis heute auch getan, deshalb schmerzt es dich so sehr, wenn dein Partner so reagiert. In diesem Moment spiegelt er dir deine eigene Verletzung.

Es gibt eine wundervolle Methode, wie du deinem Mann innerlich die Hand reichen kannst. Stell dir vor, wenn du das nächste Mal in diese Situation kommst, machst du eine Brücke von deinem Herzen zu seinem Herzen. Über diese Brücke schickst du Verständnis. Nichts anderes als Verständnis. Du sagst ihm in Gedanken: „Ich verstehe, wie du dich jetzt fühlst und ich weiß, wie es sich anfühlt, wenn man sich zurück zieht und nicht mehr sprechen will."

In diesem Moment, wo du das sagst, nimmst du dein eigenes, inneres verletztes, Kind wieder ganz fest in deine Arme. So geschieht Heilung.

Leonie schaut mich dankbar an. Ich habe noch eine Frage, sagt sie: „Wie soll ich denn jetzt mit meinem Mitarbeiter umgehen, wenn er mich provoziert?"

Ganz einfach: Zieh dich nicht zurück, gib ihm Raum und frage ihn, wenn er dich angreift. wie genau er das jetzt meint. Damit gibst du ihm den Ball. Er darf sich erklären und du zeigst damit Interesse und bist bereit, ihn anzuhören und mit ihm zu sprechen. Genauso, wie du mit deinem Vater eine schwierige Erfahrung durchstehen musstest, steht auch hinter deinem Mitarbeiter eine Geschichte, die durch diese Situation ausgelöst wird. Das hat aber nichts mit dir zu tun. Das darfst du bei ihm lassen.

Du hast noch eine Frage, Leonie? Ob du ein Regenbogenkind bist?

Ja, du bist ein Regenbogenkind.

Die Generation der Regenbogenkinder ist heute, im Jahr 2020, bereits im mittleren Alter. Ihre medialen und hellsichtigen Anlagen haben sie oft unterdrückt. Doch jetzt im Alter zwischen

30 und 50 Jahren kommen diese Gaben mit Vehemenz zurück. In dieser Generation gibt es keine großen Unterschiede in der Therapiebereitschaft zwischen Männern und Frauen. Beide Geschlechter tragen das Bild eines versöhnten Miteinanders in ihren Herzen. Diese Menschen tragen den großen Wunsch in sich, die Welt und sich selbst immer besser zu verstehen.

Die Herzebene der Regenbogenkinder ist ihr größtes Kapital. Damit möchten sie die Grundlage für eine neue, friedvolle Welt bereiten. Sie sind normalerweise weniger karmisch belastet als die Indigokinder der früheren Generation. Sie sind mit einer größeren Selbstliebe auf die Welt gekommen. Deshalb halten sie es nicht unbegrenzt in schmerzhaften Beziehungen aus. Mit ihrer Erkenntnisbereitschaft verstehen sie die Botschaft eines Ereignisses schneller und sind bereit, ihre eigenen Muster anzuschauen und aufzulösen.

Diese andersartigen Kinder, die für eine neue Welt geboren wurden, haben es schwer, wenn sie sich an alten Strukturen festhalten. Sie haben sich vorgenommen, in ihren eigenen Fluss zu kommen und die Erde bei ihrem Aufstieg zu unterstützen.

Ereignisse, die dich herausfordern und deine Reaktionen darauf, haben ihre Wurzeln immer in früheren Erfahrungen. Gäbe es da keine entsprechende Verletzung, würdest du überhaupt nicht reagieren. Es ist sehr hilfreich zu wissen, dass die eigene Reaktion, wenn sie spontan eintritt, primär nichts mit dem Auslöser zu tun hat. Wenn etwas ausgelöst ist, hast du keine Chance unbeteiligt und pragmatisch zu bleiben. In dieser Situation kommen altbekannte Emotionen hoch, die meistens gut verborgen im Unterbewusstsein schlummern. Diese Muster können nur erkannt und gelöst werden, wenn sie hochkommen. So gesehen ist selbst ein Mitarbeiter, der dich nervt, eine Chance, die dir geboten wird, die Ursache hinter deiner Reaktion zu finden.

Juwelen des Glücks

Heute besucht mich India in meiner Praxis. Seit unserer letzten gemeinsamen Sitzung ist etwas mehr als ein Jahr vergangen.

India klang ziemlich verzweifelt am Telefon, als sie den Termin für sich reservierte.

India ist Anfang fünfzig. Sie ist geschieden und hat zwei Kinder im Teenageralter. Beruflich ist sie sehr erfolgreich als aktive Sportlerin mit einer Autoritätsposition im öffentlichen Dienst.

India hat sich auffallend verändert seit unserer letzten Therapiesitzung. Sie ist femininer und lockerer als früher. Ihre wunderschönen Augen strahlen, das blonde, halblange Haar umspielt ihr ebenmäßiges Gesicht. Sie ist seit bald fünf Jahren Single und wünscht sich nichts sehnlicher, als wieder einen Mann für eine feste Partnerschaft kennen zu lernen.

Wir setzen uns gegenüber. Mit Tränen in den Augen erzählt mir India ihre Geschichte:

Ich habe mich schon seit längerer Zeit von der Partnersuche-Plattform zurückgezogen. Da kam jetzt doch noch eine Anfrage von einem Mann, die mein Interesse geweckt hat.

Bald kam es zu einem ersten Treffen, wir beschlossen, eine gemeinsame Wandertour zu machen. Weil ich wusste, dass er in der Gegend unserer Tour ein eigenes Rustico, ein kleines, einfaches Berghaus in urtümlichen Baustil hat, nahm ich sicherheitshalber Toilettensachen und frische Kleider mit.

Er schlug mir dann auch vor, die Wanderung in seinem Rustico, bei einem feinen Abendessen und einem guten Glas Wein, zu beenden.

Wir verstanden uns gut, wir hatten einen wunderschönen Tag zusammen und kamen uns schnell näher. Es machte mir auch nichts aus, als er mich küsste und fest in seine Arme nahm. Wir verbrachten eine sehr intime erste Nacht miteinander.

Für das zweite Treffen verabredeten wir uns zu einem weiteren gemeinsamen Essen in der Nähe meines Wohnortes. Auch an diesem Abend führten wir wieder sehr intensive und tiefgründige Gespräche. Diesmal bot er mir seinen Arm an und begleitete mich nach Hause. Er küsste mich innig zum Abschied. Ich fühlte mich gesehen und begehrt.

Für das dritte Treffen beschlossen wir, wieder eine gemeinsame Bergtour zu unternehmen. Die Nacht davor haben wir in einem nahe gelegenen Hotel verbracht.

Am nächsten Morgen, ich war schon etwas früher beim Frühstück, kam er mit ernster Miene auf mich zu. Ich spürte, dass etwas nicht stimmt und fühlte mich plötzlich sehr klein und unsicher.

Mein Gefühl hatte mich nicht getäuscht. Der Mann teilte mir nun mit, dass er keine Liebesgefühle für mich habe! Ich war sprachlos und wie vor den Kopf gestoßen. Es hatte doch alles so gut ausgesehen und ich hatte mich total in ihn verliebt.

Trotz dieser Umstände unternahmen wir die geplante Bergtour. Wir hatten wiederum tiefe Gespräche und in der Mittagsrast auf einer schönen Blumenwiese, liebkoste er mich wieder und umarmte mich innig.

Nun verstand ich die Welt überhaupt nicht mehr. Seine Worte waren an diesem Tag so anders und verletzend als seine körperlichen Zuwendungen.

Kannst du mir helfen, dieses Geschehen zu verstehen?

Ja, India, ich sehe da einen roten Faden in deinen Geschichten. Du möchtest so gerne eine Beziehung, dass du schnell den Griff zur „rosaroten Brille“ machst, wenn ein möglicher Partner auf der Bildfläche erscheint. Die Männer, welche du kennenlernst, bekommen einen riesigen Stellenwert und einen großen Startbonus. Das kennst du von früheren Erfahrungen. Du projizierst deine ganze Liebe, deine herzlichen Gefühle, deine Wünsche und Hoffnungen auf diesen Partner und malst dir eine Beziehung mit ihm, in den schönsten Farben, aus.

In diesem Zustand bist du bereit, schnell alles zu geben. Das birgt die Gefahr in sich, dass du Männer anziehst, die sich nur ein kurzes Abenteuer wünschen und nicht gewillt und bereit sind, eine verbindliche Beziehung einzugehen. Für solche Männer bist du eine Trophäe im Buch ihrer Liebesabenteuergeschichten.

Das lässt dich verständlicherweise mit einem inneren Gefühl von Ohnmacht und dem Eindruck, benutzt zu werden, zurück. Mit deiner schnellen Bereitschaft, dich hinzugeben, hast du dir diese Abwertung selbst angetan.

Diesmal gibt es einen sehr positiven Aspekt in deiner Geschichte. Ich sehe es als großen Fortschritt, dass das Treffen mit diesem Mann real stattgefunden hat und dass du eine intime Begegnung zulassen konntest.

Durch das abrupte Ende dieser Beziehung hat sich ein altes Muster gezeigt, welches du gut kennst. Es ist die Tatsache, dass sich die Männer, wenn sie das von dir bekommen haben, was sie wollten, schnell wieder verabschieden. Sie halten dich dann über längere Zeit bei Laune, so wie es der Mann auf der Blumenwiese mit Dir gemacht hat. So lassen sie sich ein Hintertürchen offen und melden sich, wenn sie gerade Lust haben, wieder, um etwas mit dir zu erleben oder sie testen ihren Marktwert aufgrund deiner Reaktion. Realistisch betrachtet, setzt du den Fokus deiner Hoffnung auf ein unerreichbares Ziel. Was erwartest du von diesen Männern?

I Ich erwarte, dass sie mich glücklich machen und dass ich nicht mehr allein sein muss. Ich habe nämlich Panikzustände, wenn ich ganz allein in meiner Wohnung sitze. (Sie weint.) Ich möchte doch einfach nur glücklich sein.

TH Wo ist denn dein Glück? Hast du es auch schon erfahren?

I Ja, wenn ich einen Mann kennenlerne, dann bin ich glücklich, dann ist mein Glück bei diesem Mann.

Th Was erwartest du dir denn, wenn dein Glück bei dem Mann ist?

I Ich erwarte, dass er mich glücklich macht.

Th Du erwartest, dass dich ein Mann mit deinem eigenen Glück und deiner Liebe glücklich macht? Du verschenkst etwas in der Hoffnung, es von außen zurückzubekommen.

Bitte stelle dich mir gegenüber, ich bin der Teil von dir, der das Glück im Außenbereich sucht. Weshalb suchst du das Glück außerhalb von dir? Was ist da passiert?

I (sieht ihrem Teil in die Augen und wird sehr traurig.) Es gibt in mir kein Glück, deshalb brauche ich es so dringend von außen.

Th Ich spüre in der Rolle deines inneren Spiegels, dass es ein schon lange währendes Thema ist, verzweifelt nach dem Glück von außen zu suchen. Ich frage India: „Wenn du wüsstest, wie viele Leben lang bist du schon auf der Suche nach deinem Glück und hast dich selbst aufgegeben, um es zu finden? Nenne mir spontan eine Zahl, die vor deinen Augen auftaucht."

I Zehn Leben.

Th Zehn Leben. Gehen wir zusammen zurück und schauen, was passiert ist, als du dein Glück verloren hast. Ich stehe noch als ein innerer Teil von India da und frage sie: „Weshalb hast du das getan? Weshalb hast du ein Verbot gegen das Glück ausgesprochen? Ich kann das nicht verstehen."

I Ich glaube, ich bin es nicht wert glücklich zu sein, ich mache alles falsch. Den Mann, den ich damals so gerne wollte, der hat sich gegen mich entschieden. Deshalb weiß ich jetzt, dass Glück nicht zu mir gehören kann.

Th Schau ganz tief in dein Herz. Siehst du dort das Funkeln von farbigen Edelsteinen?

I Ja, ein ganz klein wenig kann ich da was sehen. Was ist das?

Th Es sind die Juwelen des Glücks, die es in jedem Menschenherzen gibt. Mit deiner Entscheidung, dass Glück nicht für dich bestimmt ist, hast du diese Schatzkiste verschlossen. Du hast sogar ein Verbot gegen dich selbst und gegen das Glück ausgesprochen. Dieses Verbot wirkt solange, bis du es aufhebst. Möchtest du das tun?

I Oh ja, das möchte ich jetzt tun. Ich will erleben können, wie sich Glück anfühlt.

Th Wir lösen das Versprechen auf mit einem Text, den ich dir vorspreche: *Vor langer Zeit habe ein Verbot gegen das Glück ausgesprochen. Ich sah das damals als einzige Möglichkeit, um meinen Schmerz zu überstehen. Heute dient mir dieses Verbot nicht mehr, es hindert mich dabei, eine glückliche Beziehung einzugehen. Das erkenne ich jetzt. Deshalb löse ich dieses Verbot auf. Ich löse es in allen Körpern, in allen Dimensionen, ganz tief in meinen Wurzeln und in meinem Kopf. Ich löse es mit allen beteiligten Personen und allen Situationen, die jemals in meinen Leben eine Rolle gespielt haben. Ich löse es in der Vergangenheit, in der Gegenwart und in der Zukunft auf.*

Th Stell dir vor, du ziehst jetzt ein Schwert und schneidest dieses Verbot ab. Fühle die Freiheit und die Freude, die jetzt in dir aufsteigen.

India braucht noch einen Moment, um wieder ganz ins Hier und Jetzt zurückzukommen. Sie umarmt ihren abgespaltenen Teil und erlaubt sich damit, in Zukunft Glück zu erleben.

Die inneren Juwelen des Glücks wieder zu finden und sie freizugeben ist wie das Aufgehen eines hellen Sterns, der zu leuchten beginnt. Auch bei India sehe ich jetzt dieses Leuchten, das sich wie Strahlen über ihren physischen Körper ausbreitet. Dieses Strahlen hilft India, einen Raum um sich aufzubauen. Dieser Raum wird sie schützen und ihr die nötige Distanz geben, um ihr eigenes Verhalten und die Motivation eines zukünftigen Liebespartners einschätzen zu können.

Das menschliche System braucht für die Integration und Umstellung auf ein neues Lebenskonzept nach einem solch tiefen, spirituellen Prozess etwa drei bis sieben Tage.

Die innere Überzeugung, klein, wertlos und unzulänglich zu sein ist der größte Stolperstein, den es wegzuräumen gilt. Unter diesem schmerzhaften Muster liegt die Chance, deine Liebe und deine Schöpferkraft zu befreien.

Erinnere dich an die unvergesslichen Worte von Nelson Mandela, die er nach 27 Jahren in Gefangenschaft zum Amtsantritt als Präsident von Südafrika gehalten hat:

„Unsere tiefste Angst, ist nicht, dass wir unzulänglich sind.
Unsere tiefste Angst ist, dass wir grenzenlose Macht in uns haben.
Es ist unser Licht und nicht unsere Dunkelheit, wovor wir uns am meisten fürchten.
Wer bin ich schon, fragen wir uns, dass ich schön, begabt und fabelhaft sein soll?
Aber ich frage dich, wer bist du, es nicht zu sein?
Du bist ein Kind Gottes, dich klein zu machen, dient der Welt nicht.
Es ist nichts Erleuchtendes dabei, sich zurückzuziehen und klein zu machen, damit andere Leute nicht unsicher werden, wenn sie in deiner Nähe sind.
Wir wurden geboren, um die Herrlichkeit Gottes, die in uns ist, zu offenbaren.
Sie ist nicht nur in einigen von uns, sie ist in jedem von uns.
Wenn wir unser eigenes Licht strahlen lassen,
geben wir unbewusst unseren Mitmenschen die Erlaubnis, dasselbe zu tun."
Auszug aus einer Rede von Nelson Mandela, 10. Mai 1994

Wenn du in dir die Juwelen des Glücks gefunden hast, bedeutet das, dass du einen wichtigen Entwicklungsschritt abgeschlossen hast. Du erlaubst dir, dich an diesen Juwelen zu erfreuen und wirkst damit äußerst anziehend und motivierend für deine Umgebung.

Lebenszyklen – lass es Liebe sein

Was immer du tust, lass es Liebe sein
Silvie Katz

Das Leben verläuft zyklisch. Mit der Zahl 7 schließt sich ein Umlauf und öffnet den Raum für die Oktave. Du kannst dir dazu eine Spirale vorstellen, immer beim Schnittpunkt hast du einen Kreis geschlossen und schwingst in einer höheren Frequenz. Eine Oktave umfasst 8 Töne, dabei hat der achte Ton die doppelte Frequenz des ersten Tons. Bei den Blasinstrumenten wird diese Oktave durch ein Überblasen des Tons, durch stärkeren Druck und höhere Spannung auf das Mundstück, ausgelöst. Jedes Ende eines Siebener-Zyklus leitet eine Erweiterung ein, die auf der Basis der vorhergehenden Töne aufbaut.

Diesem sich immer wiederholenden Aufstieg sind – in natürlicher Harmonie – alle Welten und Elemente unterworfen. Die Woche hat sieben Tage. Die menschlichen Körperzellen erneuern sich im Zeitraum von ca. sieben Jahren. Die musikalische Tonleiter umfasst sieben Grundtöne. Der Umlauf des Mondes um die Erde dauert viermal sieben Tage. In dieser Zeit durchwandert er alle zwölf Sternzeichen, bis er den Ausgangspunkt zur Sonne wieder erreicht hat. Der natürliche weibliche Menstruationszyklus beträgt ebenfalls ca. 28 Tage.

Das Leben ist eine Komposition, ein Ausdruck deiner Menschwerdung. Du hast die Art deines Musikstücks von langer Hand geplant. Wenn du beginnst, zu erkennen, dass du den freien Willen hast zwischen dramatischer Oper, diabolischem Heavy Metal oder himmlischer, transzendenter Aufstiegsmusik zu wählen, wird es leichter.

Die Übergänge zwischen den Zyklen sind fließend.

Geburt bis 7 Jahre.

In dieser Zeit lebst du als Säugling und Kleinkind noch in starker Verbindung zur geistigen Ebene deiner spirituellen

Herkunft. Mit jedem Tag erforschst du deine neue Welt. Die Erfahrungen, die du jetzt machst, stellen Verknüpfungen in deinem Gehirn her, die unabdingbar sind, um in der materiellen Welt zu überleben. Diese Verknüpfungen betreffen deinen Körper genauso wie auch deine Psyche. In dieser Zeit machst du die Erfahrung damit, wie deine Bedürfnisse gestillt werden. Du erlebst, wie deine Umwelt auf dich reagiert und ziehst deine ersten Schlüsse daraus. Wenn du schreist und liebevoll in den Arm genommen wirst, gibt dir das ein Gefühl von Sicherheit und des angenommen Seins. Du entwickelst dadurch ein stabiles Urvertrauen. Wenn deine Eltern mit Stress auf deine Bedürfnisse reagieren, bekommst du in dir das Gefühl, nicht zu passen und nicht in Ordnung zu sein. Solche negativen Erfahrungen sind der Boden, auf dem die Pflanze des Selbstzweifels und der Unsicherheit in dir wachsen wird.

Du lernst in dieser frühen Zeit deines Lebens, deine Eltern und deine Umwelt zu lesen, zu vergleichen und zu verstehen. Du hast noch keine eigenen Konzepte, deshalb spiegelst du deine Eltern und versuchst anhand ihrer Reaktionen, dich selbst zu verstehen. Mit dieser Spiegelwirkung bietest du deinen Eltern die große Chance, sich selbst zu erkennen. Wenn du motiviert bist, tust du alles, um ihnen zu gefallen. Du lächelst sie mit deinen strahlenden Augen an, das stärkt das Band zwischen dir und deinen Eltern. In der frühen Phase bist du in Einheit mit ihnen. Später, zwischen zwei und vier Jahren, entwickelst du dein Ich-Bewusstsein. Es kommt zu ersten Konflikten, weil du dich aus der Einheit mit deinen Eltern zu lösen beginnst. Du erkennst Ungereimtheiten in deinem Umfeld, die dich verunsichern und du suchst erste Strategien, um deine Situation zu verbessern. Das ist der Beginn der Prägung deiner eigenen Persönlichkeit.

Vielleicht beschließt du, dich anzupassen, damit du geliebt wirst. Oder du rebellierst in der Hoffnung, dass sich deine Eltern die Mühe machen, dich besser zu verstehen. Diese Verhaltens-Grundmuster werden dich dein Leben lang begleiten. Wenn du auf zu viel Widerstand, emotionale Erpressung oder Aggression bei deinen Eltern stößt, kann es sein, dass du deine Motivation und dein Lächeln in diesem frühkindlichen Alter bereits verlierst. Deine Aufgabe ist es dann, die Unbeschwertheit und Freude an den Dingen, im Laufe deines Lebens, wieder zu finden. Täglich erweitert sich in dieser frühkindlichen Phase deine Fähigkeit, Zusammenhänge zu verstehen und Ereignisse, die in deinem Umfeld geschehen, einzuordnen. Deine Synapsen laufen auf Hochtouren und bilden neuronale Verknüpfungen. Niemals mehr wird dir das Lernen so leicht fallen wie in dieser Zeit, in der du noch ganzheitlich wahrnehmen kannst.

7 bis 14 Jahre.

Die ideale Zeit der Einschulung liegt beim Alter von sieben Jahren. In dieser Zeit verlierst du deine Milchzähne. Dies ist das äußere Zeichen für die nächste Oktave in deinem Leben. Du erweiterst jetzt dein Feld von der empirisch-emotional geprägten Zeit des natürlichen Lernens hin zu mentalen Leistungen.

In dieser Phase brauchst du viel Unterstützung von deinen Eltern. Diese Unterstützung brauchst du weniger beim Lernen des Schulstoffes als dabei, wie du die verschiedenen Ansprüche an dich in Einklang bringen kannst. Die Erwachsenen nennen das „Work-Life-Balance". Auch du als Kind brauchst diese Balance.

Mit dem Eintritt ins Schulalter kommst du in ein neues Feld. Es ist das Feld der Gesellschaft, das Leistung und Erfolg von dir verlangt. Viele Eltern definieren sich über dich und wünschen sich Bestätigung durch deine Erfolge. Sie spornen dich an und fühlen sich gut, wenn du erfreuliche Noten nach Hause bringst. Die Schule macht ebenfalls Druck, denn sie hat selbst einen Leistungsausweis zu erbringen.

Das große Thema dieses Entwicklungszyklus ist es zu lernen, mit Druck und Anforderungen, die jetzt an dich gestellt werden, umzugehen. Für deine Eltern ist es wichtig, sich selbst zu reflektieren und zu erkennen, dass diese Zeit eine große Chance bietet, sich mit dem Thema Druck, Leistungsanspruch und Perfektion zu befassen. Zu dem Zeitpunkt, wo du als Kind deiner Eltern in die Schule kommst und erstmals den gesellschaftlichen „Ernst des Lebens" kennen lernst, kommen bei ihnen die eigenen Erfahrungen mit ihrer Schulzeit hoch.

Wenn sie das Spiel durchschauen, übernehmen sie den Druck der Schule nicht. Damit bleiben sie frei und können dich aufbauend unterstützen und begleiten.

Wenn sie das Spiel mitspielen, übernehmen sie den Druck und leiten ihn auf dich weiter. Es kann auch sein, dass sie beginnen, gegen die Lehrer zu rebellieren, so wie sie es in ihrer Schulzeit getan haben. Das hilft dir als Kind noch weniger. Wenn sich deine Eltern gegen den Lehrer stellen, stehst du zwischen den Fronten, bei denen es nicht mehr nur um Sachlichkeit, sondern um nicht geheilte Emotionen und gegenseitige Projektionen zwischen deinen Eltern und dem Lehrer als Autoritätspersonen geht.

Du beginnst jetzt selbst eine Strategie zu entwickeln, um mit diesen Herausforderungen klar zu kommen. Dabei sind deine Eltern noch ganz stark deine Vorbilder und prägen den Maßstab für deine eigenen Verhaltensmuster.

Dieser Lebenszyklus bringt dir die Lektion, mit Ansprüchen deiner Umwelt umzugehen. Er schult deine eigene innere Anschauung. Diese eigene innere Sicht bringt dich in deine nächste Entwicklungsstufe.

14 bis 21 Jahre.

In dieser Zeit kommt es zu radikalen Veränderungen, die deinen Körper betreffen. Die geschlechtsspezifischen Hormone überfluten dein System. Du kommst in die Pubertät. Es ist wie ein riesiges Portal, das sich öffnet. Der Durchgang ist dabei so breit, dass es schwierig wird, überhaupt einen Weg zu erkennen. Bei diesen vielen Wegen, möchtest du deine ganz eigene Spur finden. Du hinterfragst die Spuren deiner Eltern. Du erkennst, dass die Normen der Gesellschaft nicht zu deinem Anspruch an Freiheit und Selbstbestimmung passen. Du spürst, dass du, wenn du dieses Portal durchschreiten wirst, ganz viel hinter dir lassen musst.

Es ist das Ende deiner Kindheit und die Ablösung von deinen Eltern. Diese Ablösung ist oft radikal. Sie muss so sein, damit dein eigenes Pendel in Schwingung kommen kann.

Wenn dieses Pendel zu schwingen beginnt, stellst du erst mal alles in Frage. In dieser Zeit neigst du vielleicht zur Selbstüberschätzung oder zu tiefsten Gefühlen von Traurigkeit und zweifelst am Sinn des Lebens. Du probierst Vieles aus und gehst an die Grenzen zwischen Lebenserhaltung und Zerstörung. Du bist auf einer Grenzwanderung. Dein ganzes System, deine Emotionen, deine physische Integrität und deine spirituelle Suche sind ambivalent. Gleichzeitig solltest du dich jetzt auch für deinen beruflichen Werdegang entscheiden, um damit die Grundlage für deine materielle Existenz zu sichern. Ohne die hormonelle Überflutung hättest du keine Chance, im ganzen Chaos deine eigene Ordnung zu finden.

Die vielen Wege, die sich dir zeigen, sind morphische Felder, die dir mögliche Zukunftsvarianten aufzeigen. In einigen dieser Feldern verweilst du kurze Zeit, weil du spürst, dass sie dir nicht entsprechen. Grundsätzlich bist du in dieser Lebensphase als Seelenwesen interessant für dunkle Felder, die dich vereinnahmen und dein Licht übernehmen möchten.

Dunkle Felder binden deine Energie durch Süchte, Abhängigkeit und Dogmen aller Art. Sie nutzen dabei deinen Wunsch nach Zugehörigkeit. Du hast das Haus deiner Kindheit verlassen und stehst damit im leeren Raum. Als Mensch brauchst du Verbindungen. Deine Familie musstest du verlassen, um erwachsen zu werden. Jetzt brauchst du einen Ersatz, eine neue Perspektive.

Bei den Naturvölkern wird diese Phase von Einweihungsritualen begleitet. Als Junge wirst du in den Kreis der Männer aufgenommen. Als Mädchen wirst du von Frauen in die Weisheit der Rhythmen der Natur eingeweiht.

In der westlichen Gesellschaft bekommst du wenig Unterstützung für deine Ablösung und Neuausrichtung. Da herrscht Verwirrung in Bezug auf deine Rolle als Mann oder Frau. Mit der Idee einer autonomen Genderidentität, das heißt mit der Möglichkeit, dein Geschlecht selbst zu bestimmen, bist du am äußersten Punkt des Pendels angekommen. Verwirrender kann es nicht mehr werden. Damit bekommst du die Möglichkeit der Harmonisierung für dein inneres Bewusstsein und deine Position, die du als Mensch in dieser Gesellschaft einnehmen möchtest. Du machst eine innere Analyse und entscheidest über deinen weiteren Weg. Dieser Entscheid ist vorerst unbewusst und zeigt sich erst im weiteren Verlauf deines Lebens.

Erinnere dich daran, was ich dir über die 1968-er Jahre erzählt habe. Damals begannen die alten Rollenverhalten von Mann und Frau zu bröckeln. Diese Generation spürte den Hauch des neuen Miteinanders. Mit der Genderbewegung ist das Pendel von der einen stark definierten Seite zur andern gewechselt. Wenn du die Mitte findest, dann hast du deine eigenen männlichen und weiblichen Anteile in ein harmonisches Miteinander gebracht. Damit hört die Trennung zwischen den Geschlechtspolen auf und es braucht keine schmerzhafte Entscheidung mehr, etwas anderes zu sein als das, was du bist. Ab diesem Punkt bist du frei, wirklich zu spüren, ob dein Körper auch deinem sichtbaren weiblichen oder männlichen Ausdruck entspricht.

In der Zeit bis zu deinem 21. Lebensjahr legst du deinen Hauptpfad fest. Du spurst darauf ein, ohne die anderen Optionen jemals zu verlieren. Zu diesem Zeitpunkt ist dir meist nicht bewusst, dass es nicht nur ein Entweder-oder, sondern auch ein Sowohl-als-auch gibt.

21 bis 28 Jahre.

In dieser Zeit verfestigst du deine Ziele und zeigst der Welt deine Position. Um das 21. Lebensjahr gerätst du oft in eine existenzielle Krise. Das kann sich in einer körperlichen Erkrankung oder einem Unfall zeigen. Es ist die Zeit, in der du dir innerlich die Fragen stellst: „Kann ich so leben? Will ich überhaupt in den vorgegebenen Strukturen der Gesellschaft leben? Wie kann ich meine Konditionierungen von Ahnen und Elternhaus in ein eigenes Lebenskonzept bringen?“

Dies ist die günstigste und auch dringlichste Phase, um sich von den Eltern „abzunabeln“. Es ist die Zeit, dein Elternhaus sichtbar zu verlassen. Unbewusst bist du noch sehr geprägt von deinen Eltern. Du möchtest dich aus Zwängen befreien. Diese Befreiung geschieht nur über das Erkennen der Zusammenhänge von Ursache und Wirkung. Nicht selten gerätst du in dieser Zeit genau in Situationen, denen du entkommen möchtest. Wenn du als Kind Gewalt, dominante Autorität, Missbrauch oder Abhängigkeit erlebt hast, suchst du diese Erfahrung nochmals mit einem entsprechenden Partner, um sie in Heilung zu bringen. An diesem Punkt fallen Kartenhäuser von Illusionen, welche du dir im Überschwang der Pubertät gebaut hast, in sich zusammen. Wenn dein Lebensthema Freiheit ist, dann wirst du dich mit Überloyalität und Abhängigkeit befassen müssen. Wenn dein Lebensthema die Freude ist, lernst du Depression und die dunklen Aspekte deiner Seele kennen.

Nach den ersten wilden Jahren als junger Erwachsener suchst du jetzt vermehrt nach Kontinuität in einer Beziehung. Du bist auf der Suche nach dem Glück und glaubst, es in einem passenden Partner zu finden.

Partnersuche ist und war oft ein Geschäft. Was biete ich dir? Was bietest du mir? In der ersten Zeit der Verliebtheit bist du überzeugt, dass dieses Geschäft erfolgreich verläuft. Wenn etwas nicht stimmig ist, redest du es dir gerne schön oder du fliegst wie ein Schmetterling gleich weiter zur nächsten Blüte, die dir noch strahlender und bunter erscheint.

Ein Schmetterling lässt sich in seinem kurzen Leben befruchten und legt seine Eier auf eine nährende Pflanze, dann fliegt er weiter. Alles andere erledigt die Natur für ihn.

Menschliche Beziehungen sind komplizierter. Sie dienen nicht nur der Arterhaltung, sondern auch dem eigenen inneren Wachstum. Deshalb suchst du dir immer wieder einen Partner, der dich ergänzt oder dich selbst spiegelt. Egal, wie schwierig deine Beziehungen sein mögen, du findest immer den passenden Partner um in deinem eigenen Leben voranzukommen. Sich auf eine Beziehung einzulassen verhilft dir zu eigenem Wachstum und Entwicklung. In diesem Lebensabschnitt zeigt es sich, wie real deine Selbsteinschätzung ist. Falls du an deinem Selbstwert arbeiten möchtest, findest du immer Menschen in deinem Umfeld, die dich anzweifeln. Wie sollen sie an dich glauben, wenn du es selbst nicht tust? Wieso sollen sie dich achten, wenn du dich selbst schnell aufgibst und unterordnest?

In diesem Lebensabschnitt machst du dir Gedanken zu Familiengründung und planst deinen weiteren, beruflichen Werdegang. Du bereitest den Boden für deinen eigenen Platz in der Welt.

28 bis 35 Jahre.

Mit 28 Jahren kommst du aus astrologischer Sicht in die Saturnrückkehr. Saturn gilt als Planet der Grenzen, Strenge und Verantwortungsübernahme. Im Verlaufe deines Lebens hat er in 29,5 Jahren den ganzen Tierkreis deines Horoskops durchwandert und steht auf der Spirale eine Stufe höher, am selben Punkt wie zur Zeit deiner Geburt. Mit dieser Position bist du jetzt definitiv erwachsen geworden und hast die Möglichkeit, grundlegende Entscheidungen für dein weiteres Leben zu treffen. Saturn startet einen neuen Umlauf und du bist bereit, deinen Horizont zu erweitern. Vielleicht planst du eine große Reise. Oder du entscheidest dich, deinen Partner zu heiraten und Kinder zu bekommen. Du bist jetzt fähig, Situationen realer einzuschätzen und Machbares von Nichtmachbarem zu unterscheiden.

Falls du schon einige Beziehungsjahre hinter dir hast, wirst du zu diesem Zeitpunkt noch mal „über die Bücher gehen" und eine persönliche Bilanz ziehen, im Sinne von: „Will ich mein Leben so weiter leben oder braucht es eine Neuorientiereng?" In dieser Zeit beschreitest du auch innerlich neue Wege, die dann im Lauf der kommenden Jahre sichtbar werden. Saturn steht bei deiner Geburt im Zeichen und im astrologischen Haus, welches dir Aufschluss gibt, wo dein Entwicklungspotenzial und deine persönlichen Begrenzungen sind. Nach dieser Momentaufnahme der Geburtsstellung von Saturn verändert sich seine Position und er geht neue Aspekte zu deinen übrigen Planeten ein. Damit unterstützt er dich in deinem großen, anspruchsvollen Weg, den du als Seele gewählt hast. In der Zeit der ersten Saturnrückkehr ziehst du Bilanz über dein Leben und machst dich auf zu neuen Ufern.

In der Zeit der zweiten Saturnrückkehr, die im Alter zwischen 58 und 60 Jahren stattfindet, wird dein Leben Bilanz darüber ziehen, was du aus ihm gemacht hast.

35 bis 42 Jahre.

Dein Neuanfang nimmt Fahrt auf und wird im Äußeren sichtbar. Du bist jetzt in der Blüte deines Lebens, wirst gesehen. Du hast dir in vielen Bereichen Kompetenzen aufgebaut.

Damit bist du in einer festen Struktur, die Familie und den Beruf betreffen. Das Leben verlangt jetzt Leistung. Deine Seele bekommt eine Ahnung dafür, wozu sie sich berufen fühlt. Dies ist eine sensible Zeit für dich. Genau wie in der Pubertät bist du jetzt anfällig für Stolpersteine oder anders gesagt für Felder, die sich von deiner Energie ernähren wollen. Das Ego bläst sich nun gerne auf und spielt damit, Macht über andere zu übernehmen. Es will sich behaupten und geht in Konkurrenzdenken und fokussiert materielle Ansprüche. In dieser Zeit kann es geschehen, dass du die Türe zu deiner ursprünglichen Seelen-Motivation verschließt und dich dafür entscheidest, dass Haben besser ist als Sein. Die Seele möchte sich aus der inneren Gefangenschaft befreien, welche vom Ego immer mehr zubetoniert wird.

Das ist die eine Seite der Medaille. Auf der anderen Seite kannst du in diesem Lebensabschnitt dein inneres Potenzial harmonisch entfalten und es in der materiellen Welt einbringen. Entscheidend für dein weiteres Leben ist die Frage, ob du dein Herz offen halten konntest bzw. ob du es wieder zu öffnen vermagst. Das Geschenk eines wirklich geöffneten Herzens ist der Fluss der Liebe. Wenn du in diesem Fluss bist, dann liebst du dich selbst, bist authentisch und kannst andere nicht verletzen, weil du jede Verletzung, die du ihnen zufügst, in deinem eigenen Körper spürst. Erfolgreich sein kannst du auch mit geöffnetem Herzen. In der neuen Zeit, die eben begonnen hat, ist diese Herzöffnung Voraussetzung, um in die leichte Ebene einer höheren Dimension eintreten zu können.

In dieser Phase deiner Persönlichkeitsentwicklung kannst du dich nicht mehr unsichtbar machen, weder vor dir selbst noch vor deiner Umwelt. Du wirst gesehen und wenn du dich nicht zeigen möchtest, bleibt dir einzig die Möglichkeit, dich fortan hinter einer Maske zu verstecken. Damit verlierst du das Geschenk, dich in deiner Umwelt zu spiegeln als das, was du wirklich bist. Wenn du dich selbst in einem Spiegel betrachtest, siehst du auch nur die Maske und verlierst damit den Bezug zu dir selbst. In diesem Lebensabschnitt triffst du eine Entscheidung darüber, ob und wie du deine eigenen inneren Aspekte verstehen und in Einklang bringen kannst.

42 bis 49 Jahre.

Es ist Halbzeit in deinem Leben. Du schaust zurück auf das, was du erreicht hast. Es ist eine Zeit der Ernte. Du hast viel gelernt darüber, was deine eigenen Muster sind und wie deine Umwelt darauf reagiert. In dieser Phase bist du dir sehr bewusst, was du möchtest und was du nicht mehr brauchst. Zweitehen werden oft in diesem Lebensabschnitt geschlossen. Du stellst jetzt berechtigte Ansprüche an dein Leben und kommst in eine neue Spirale der Selbstverwirklichung. Wenn du ein Leben voller Extreme gelebt hast, geht es darum, ruhiger zu werden und in die eigene Mitte zu kommen. Wenn du ein Stresstyp bist, ist es ratsam den Schalter umzudrehen und dir selbst das Geschenk der Verlangsamung zu geben.

Stress beschleunigt den Alterungsprozess, der jetzt unübersehbar einsetzt. Die Zellen erneuern sich langsamer und deine Organe brauchen keine Höchstleistungen mehr zu vollbringen. Die Zeit des Aufbaus ist vorbei. Das ist der natürliche Lauf der Zeit. Jetzt kannst du zwischen zwei Wegen wählen. Der eine heißt Akzeptanz und Wertschätzung für deinen Körper, der dich so weit getragen hat. Der andere Weg ist die Weigerung, eine neue Lebensphase zu akzeptieren. Schönheitsoperationen, übermäßiger Sport oder medikamentöse Eingriffe in dein System sind ein Versuch, den natürlichen Alterungsprozess zu überlisten.

Mit beiden Wegen öffnest du einen neuen Raum. Der erste Weg gibt dir Gelassenheit und einen Sinn für die Realität. Der zweite Weg kann dich enorm unter Druck setzen, weil du die Illusion von *ewig jung* aufrechterhalten willst.

In dieser Zeit bestimmst du die Spur deines weiteren Lebens.

49 bis 56 Jahre.

In dieser Zeit geschieht etwas, das du mit der Pubertät, die du vor langer Zeit erlebt hast, vergleichen kannst. Mit den Wechseljahren, welche bei Männern wie Frauen eintreten, verändert sich dein ganzes hormonelles Gefüge. Wenn du eine Frau bist, kannst du die Veränderung in deinem Körper und in deiner Psyche wahrnehmen. Die Wallungen, die du erlebst, sind wie Geburtswehen für ein völlig neues Leben. Dein Körper wird nicht mehr für die Fortpflanzung aufgebaut, die Zellen werden darauf vorbereitet, mehr Licht aufzunehmen um neue Ziele anzustreben. Du wirst jetzt vielleicht Großvater oder Großmutter und trittst damit in die zweite Reihe.

Wenn du ein Mann bist, kann es schwierig sein, diesen Wandel anzunehmen. Das männliche Prinzip ist auf Leistung und Erfolg ausgerichtet. Es kann deshalb geschehen, dass du als Mann der Welt beweisen willst, dass du noch attraktiv und potent bist. Du versuchst, die Natur auszutricksen und wählst dir eine junge Frau. Mit ihr lässt du die Lebensphase der Reproduktion nochmals aufleben. Familiengründung und das Aufziehen von Kindern ist anstrengend. Wenn du diesen Entscheid triffst, verhinderst du damit den Eintritt in ein gemütliches, freies Älterwerden, ohne Verpflichtungen, die dich über Jahre binden.

Mit 58 Jahren wird deine zweite Saturnrückkehr eingeläutet.

Das Leben zieht jetzt Bilanz. Es ist eine Zeit, in der dein ureigenes Lebensthema nochmals sichtbar wird. Dieses Thema hat sich schon bei deiner Geburt und im Umfeld der Herkunftsfamilie gezeigt. Damals hattest du viel Zeit, um es zu ergründen. Das Lebensthema zieht sich wie ein roter Faden durch deine Geschichte. Wenn Erfolg dein Thema ist, kannst du deine Umsetzung daran messen, was du erreicht hast in Bezug auf deine Karriere. Ob du das Thema Krankheit erlösen konntest, zeigt sich am Gesundheitszustand deines Körpers. Dazu gehört auch die Frage, wie achtsam du mit deinem Körper umgegangen bist. Ob du ihn geliebt hast oder ob du Raubbau betrieben hast.

Das Leben bringt dich in der zweiten Saturnrückkehr nochmals schonungslos mit deinem Grundthema in Kontakt. Diesmal kannst du nicht mehr einfach verdrängen oder überspielen. Dazu fehlen dir die Ressourcen. In dieser Zeit bekommst du die letzte Gelegenheit, alte Muster zu erkennen und sie aufzulösen. Wenn du gute Vorarbeit geleistet hast, wird dir das nicht schwerfallen.

56 bis 63 Jahre.

Wenn du deine Hausaufgaben gemacht hast, ist jetzt der Beginn einer neuen Hoch-Zeit. Alles wird jetzt leichter. Du bist in der Blüte deiner Kompetenz. Je nach Arbeit, die du getan hast, beendest du deine aktive Berufszeit oder du führst sie in freier Zeiteinteilung weiter, ganz so, wie es dir Freude bereitet. Wenn du die Lebensphasen zyklisch durchlaufen hast, kommt jetzt eine Zeit der Entspannung und der Ernte. Du darfst genießen und gut auf dich selbst schauen. Problematisch wird es, wenn du im Kopf noch Viertausender besteigen möchtest und nicht begreifen kannst, dass dein Körper nicht mehr bei allem mitmacht. Deine belastenden Muster, die du nicht lösen wolltest, können jetzt hochkommen. Wenn du dich unter Druck setzt, eine Leistung zu erbringen, die deiner körperlichen Konstitution nicht mehr angepasst ist, bringst du dich und dein System in Stress. Wenn du jetzt immer noch aufs Tempo drückst, kannst du erkennen, dass der Druck, der in deiner aktiven Zeit von außen auf dich einwirkte, nur ein Spiegel war für deine eigenen Muster, dich zu Höchstleistungen anzuspornen. Damit wird dein Lebensthema nochmal glasklar sichtbar. Alles, was von außen kommt und dich betroffen macht, hat eine eigene innere Resonanz. Heilung geschieht, wenn du das Leben als Einheit verstehst, es akzeptierst und in Gelassenheit loslässt, was dir Schmerzen bereitet.

Mit 70 Jahren ist ein großer Zyklus von zehn mal sieben Jahren abgeschlossen.

Die neue Welt

Das goldene Zeitalter wird jetzt eingeläutet. Das wissen auch die Dunkelkräfte, die in der vergangenen Zeit des Kali-Yugas in ihrem Element waren. Sie geben ihren dominanten Platz auf der Erde nicht kampflos auf und suchen nach Möglichkeiten, um die stetig steigende Energiefrequenz nach unten zu drücken. Angst und Misstrauen sind Werkzeuge, die die Schwingungslage verringern können. Wesen, die sich der Dunkelheit verschrieben haben, arbeiten mit drastischen Mitteln. Ihr Plan ist es, die Menschen gegeneinander aufzuhetzen. Sie verbreiten gezielt Fehlinformationen, um die Menschen zu verunsichern und sie in Panik zu bringen. Diese Panikenergie brauchen sie, um selbst auf diesem Planeten zu überleben. Ihre Methoden werden immer abstruser und chaotischer. Der Plan wird durchsichtig. Die erweiterte Wahrnehmungsfähigkeit, die sich bei vielen Menschen bereits entwickelt hat, macht es für sie schwierig, sich länger hinter einer Maske zu verstecken. Mit ihren Aktionen demaskieren sie sich selbst. In diesem außergewöhnlichen Jahr 2020 starten die Seelen, welche der Dunkelheit dienen, ihren ultimativen Versuch, die Menschen von der Liebe und untereinander zu trennen.

In der neuen Welt zählen Eigenschaften wie Wahrhaftigkeit, Klarheit und Authentizität. Der Schlüssel, um in diese neue Welt einzutreten, heißt Herzöffnung. Nur ein geöffnetes, liebendes Herz kann die erhöhte Schwingungsfrequenz über längere Zeit aushalten.

Das Jahr 2020 ist das Jahr in dem die große Veränderung und Transformation sichtbar wird, die über lange Zeit vorbereitet wurde. Das Herz, das geöffnet ist, hat verstanden, dass es kein Misstrauen und kein Gegeneinander braucht. Wenn du die Türe deines Herzens geöffnet hast, setzt du die magische Energie frei, die darin verborgen ist. Das geöffnete Herz ist der

Schlüssel, um in die neue Welt einzutreten. Dieser Schlüssel hat einen Namen: *er heißt Liebe*. Wenn du dich für die Liebe entscheidest, beginnt eine neue, unbeschreiblich starke Kraft in deinem Leben zu wirken. Auf der Suche nach dir selbst findest du diesen Schlüssel, mit dem du die Kammer deines liebenden Herzens öffnen kannst.

Dein Herz hat zwei Kammern, eine für den Lungenkreislauf und eine für den Körperkreislauf. Beide Kammern sind unterteilt in eine obere und eine untere Kammer. In der Mitte dieser vier Kammern befindet sich die Türe zu deinem spirituellen Herzen. Lass dich begleiten oder gehe selbständig mit einer Meditation zu dieser Kammer. Betrachte die Türe und das Schloss und suche nach deinem Schlüssel. Dann öffne diese Türe und schau, was geschieht.

Vielleicht kannst du den Raum nicht gleich betreten, weil noch etwas Altes, Schweres oder Dunkles aus der geöffneten Türe herausfließt. Stell dir dann vor, dass diese Energie in eine Lichtsäule gezogen und aufgelöst wird. Irgendwann strömt helles Licht aus dieser Türe. Dieses Licht lässt du in alle Körperzellen fließen, in deine Organe, deine Blutbahnen, deine Muskeln und in deine Knochen.

Du kannst deinen Herzensraum betreten. Was findest du darin? Die Gegenstände zeigen sich oft symbolisch oder in einer Einrichtung des Raums. Es können auch Bilder an den Wänden hängen. Der Gegenstand, der deine Blicke anzieht in deinem Herzensraum, gibt dir eine Botschaft für dein Leben und deine Bestimmung. Achte in diesem Raum auch darauf, ob die Fenster nicht durch Storen oder Läden verschlossen sind. Wenn es Spinnweben oder Staub gibt in deinem Raum, dann bitte um eine „Reinigungstruppe", die für dich aufräumt und sauber macht. Du kannst die Wände auch frisch in deiner Lieblingsfarbe anmalen lassen.

Wenn du diese Türe einmal geöffnet hast, kannst du es immer wieder tun und dein System mit Licht fluten lassen.

Die neue Welt ist eine Welt des Miteinanders. Für Wesen, die sich der Dunkelheit verschrieben haben, bedeutet die spirituelle

Entwicklung der Menschen und die angehobene Schwingung auf der Erde eine existenzielle Gefahr. In den vergangenen Zeiten gab es anteilsmäßig viel mehr dunkle Wesen als solche, die ihren Lichtkörper, die Merkaba, entwickelt haben.

Das hat sich seit dem Beginn des kollektiven Aufstiegs, im Jahr 1977, grundlegend verändert. Im Jahr 1977 entdeckten die Astronomen einen kleinen Planeten im Weltraum. Er umkreist die Sonne zwischen Saturn und Uranus. Das ist interessant. Saturn steht astrologisch für Grenzen und Uranus steht für Befreiung. Diesem kleinen Planeten gab man den Namen „Chiron", was so viel wie verwundeter Heiler bedeutet. Die Position von Chiron in deinem persönlichen Horoskop zeigt nicht nur deinen Schmerz und deine Verwundung auf, er zeigt dir auch deine Talente und Begabungen, welche freigesetzt werden, wenn du die Verletzung geheilt hast.

Heilung kann geschehen, wenn du deine Wunden erkennst und bereit bist, ihnen Achtung zu geben. Das tiefe Bestreben deiner Seele ist die Erfahrung von Glück und Frieden und der Erkenntnis, dass wir alle Eins sind.

Wenn deine Seele gereift und dein Herz geöffnet ist, kannst du niemanden mehr verletzen, ohne die Verletzung selbst zu spüren.

Du hast also immer die Wahl. Die Freiheit deines Geistes kann dir niemand wegnehmen. Um wirklich frei zu sein, brauchst du die Sicht nach innen. Hier in deinem Innern findest du alles, was du brauchst. Du findest Antworten auf jede Frage. Voraussetzung dafür ist, dass du die Frage stellst und Geduld hast, um auf die Antwort zu warten. In dieser Zeit des Wartens und Beobachtens lernst du, dass deine Umwelt und alles, was geschieht, ein Spiegel deines eigenen Entwicklungsstandes und deiner Resonanz ist. Wenn du das akzeptieren kannst, kommst du an in deinem eigenen Zentrum, in deiner inneren Mitte, wo es absolut ruhig und wertneutral ist. Wenn du diesen Ort in dir gefunden hast, bist du bereit, deine Meisterschaft anzutreten.

Chuck Spezzano sagt:

„Wusstest du, dass es nichts mehr zu tun gibt, wenn du das Stadium der Meisterschaft erreicht hast?

Meisterschaft ist der weglose Weg des Seins im Augenblick. Es ist der stille Geist, der offen ist für Inspiration und für die Freude. Es gibt keinen Ort, an den du gehen musst und es gibt nichts zu tun. Wenn du etwas tun musst, wirst du geführt und angeleitet, es zu tun."
Chuck & Lency Spezzano, Das ABC der glücklichen Beziehungen, Heyne Verlag 2007, S. 199

Die Meisterschaft ist Ausgangspunkt für deine Vision. Diese wird in deiner Stille geboren und öffnet dich für den Aufstieg in neue Ebenen. Wenn deine Vision geboren ist, ziehst du alles magnetisch an, was du für die Verwirklichung brauchst. Die visionäre Absicht führt dich zu deiner kreativen Schöpferkraft.

Mit der visionären Kraft kannst du deine Zukunft neu gestalten und dich aus den Fesseln deiner Vergangenheit befreien.

Schlusswort

Der gebrochene Pfeil gilt bei den Schamanen als Symbol für Frieden. Wenn dieses Symbol gezeigt wird, zeigt es das Ende des Kampfes an.

Mit einem Pfeil kannst du angreifen, töten, durchbohren, teilen und vergiften. Er kann dich auch schützen und dir helfen, dich zu verteidigen. Wenn du den Pfeil brichst, ist es, wie wenn du im Krieg die weiße Flagge hochhältst. Diese signalisiert die Bereitschaft, Frieden zu schließen. Du beendest damit den Kampf und es ist Ehrensache, dass du nicht weiter angegriffen wirst.

Das neue, goldene Zeitalter steht unter diesem Siegel. Das Miteinander in Frieden und Toleranz ist die Vision der Zukunft. Diese neue Realität ist jetzt, in der Mitte des Jahres 2020, noch verborgen und unsichtbar. Die Anordnung der Zahlen 20–20 zeigt zwei Wege und die Notwendigkeit der Entscheidung. Wie siehst du deine Freunde? Deinen Partner? Deine Kinder? Die Natur? Wie siehst du dein Leben, ist es dir freundlich gestimmt oder hat es die Rolle des Feindes, der dich bedroht?

Der Samen für eine neue Welt ist aufgebrochen. Die Pflanze des Miteinanders wächst unaufhaltsam. Pflanzen wachsen besonders gut, wenn sie auf geeignetem Boden stehen. Menschen sind wie Pflanzen, sie brauchen eine gute Erdung und starke Wurzeln, damit sie in die Höhe wachsen und ihre Blüte dem Licht entgegenstrecken können. Wurzeln zu schlagen bedeutet auch, sich ernsthaft auf die Erfahrung der Menschwerdung einzulassen.

Es ist eine große Chance und auch eine Herausforderung, in die sich deine Seele einlässt. Das Leben fordert von dir, dass du Ja sagst zu ihm und dass du bereit bist, dich voll auf das Menschenspiel einzulassen. Es möchte, dass du die Spielregeln verstehst und immer tiefer eintauchst in die großen universellen Geheimnisse. Das Leben wünscht sich von dir, dass du es annimmst und liebst, damit es sich voll in deinen Dienst stellen kann. Dein Leben wünscht sich Kooperation und eine tiefe Verbindung mit dir. Es steht dir zur Verfügung. Es begleitet dich durch alle Zyklen des Werdens, Erhaltens und wieder Vergehens.

Wenn dereinst deine vitalen Kräfte schwinden, wird es Zeit, aufzubrechen und dein irdisches Haus zu verlassen. Der Tod ist nicht das Ende, sondern die Vollendung deines Lebens. Leben und Tod gehören zusammen wie das Einatmen und das Ausatmen. Das erste, was ein Neugeborenes tut, ist einatmen, das letzte, was ein Sterbender tut, ist ausatmen. In der Zeit deines Todes steht dein Leben ganz nahe bei dir. Es bittet dich, Rückschau zu halten und zu erkennen, zu wieviel Prozent du lebendig warst und was du mit deiner Zeit gemacht hast. Jetzt kannst du nicht mehr flüchten. Wenn du Vertrauen in dein Leben aufgebaut hast, und weißt, dass es nur das Beste für dich will, kannst du dich hingeben und dich in seine Arme fallen lassen. Dann hält dich dein Leben und trägt dich durch den Durchgang in deine neue Realität.

Wenn du dein Leben ausgekostet hast, mit allen Leiden und Freuden, erkennst du den wundervollen Weg deiner Seele. Du hast gelernt, zu akzeptieren und dich der Veränderung immer wieder hinzugeben. Damit wird der Tod zum Höhepunkt in deinem Leben und zum Beginn einer großen Transformation in ein neues Abenteuer.

Die Raupe im Kokon ahnt nichts vom freien Flug, zu dem sie in ihrer neuen Form als Schmetterling fähig sein wird. Sie bleibt gelassen und ohne Erwartung in ihrer Puppe, bis die Zeit reif ist für Veränderung. Die Natur kennt nichts anderes als Hingabe. Damit ist sie den Menschen, die kontrollieren und besitzen wollen, weit voraus. Das Leben als Mensch wird einfach, wenn du diesen Zustand der Hingabe erreichst, den die Natur dir vorzeigt.

Die größte Angst des Menschen ist jene vor dem Tod, weil es bedeutet, die ganze Kontrolle loszulassen. Dein Leben schult dich immer wieder darin, dass du nichts kontrollieren und festhalten kannst. Wenn du loslässt, kommst du in den freien Fluss des Seins. Im Moment deines Todes bist du wie ein Blatt, das sich im Herbst nicht länger am Baum halten kann. Die Kunst des vertrauensvollen Fallenlassens, ist eine hohe Ebene des Bewusstseins, die immer mehr Menschen in dieser neuen Zeit erreichen. In der neuen 5D-Realität wird das Leben leicht und frei für die Erfahrung von Freude und Einheit.

Mache dich also auf! Befreie dich mutig aus deinem Kokon, der zu eng geworden ist und suche Freunde, die mit dir zusammen den Weg in das neue, goldene Zeitalter gehen!

Ende

Quellenangabe

Rupert Sheldrake, Der siebte Sinn des Menschen, Fischer TB, 2013

Carl Gustav Jung, https://de.wikipedia.org/wiki/Carl_Gustav_Jung#Kindheit_und_Jugend

Ulrich Emil Duprée, Ho'oponopono, Schirner Erstausgabe 20112019

Lee Carroll, Kryon, Kryon, 50 Karten, Koha Verlag, 2002

Chuck& Lency Spezzano, Das ABC der glücklichen Beziehungen, Heyne,Erstausgabe 2002

Rudolf Steiner,https://de.wikipedia.org/wiki/Rudolf_Steiner#Kindheit_und_Jugend

Jeanne Ruland, Die lichte Kraft der Engel, Erstausgabe, Schirner, Erstausgabe 2001

Armin Risi, www.armin-risi.ch

Helen Schucman, Ein Kurs in Wundern, 1976 (USA), 1994 Greuthof-Verlag, https://de.wikipedia.org/wiki/Helen_Schucman#Leben

Robin Norwood, Wenn Frauen zu sehr lieben, Rowohlt, 1986

Hazrath Inayat Khan, Das Erwachen des menschlichen Geistes, Synthesis Verlag, 1982

Peter Reiter, Dynamische Aufstellungen, Via Nova 2005

Die Autorin

Eva-Maria Brücker wurde 1957 in Luzern geboren. Sie absolvierte eine Ausbildung zur Pharma-Assistentin und widmete sich der Erziehung ihrer beiden Söhne. Ihre medialen und therapeutischen Fähigkeiten konnte sie im Zuge von Weiterbildungen im Bereich der Alternativ-Medizin ausbauen. Dabei wurde sie von Dr. Peter Reiter, einem Schüler von Chuck und Lency Spezzano, in der Methodik der Dynamischen Aufstellung unterrichtet und ließ sich in Biel zur Cranio-Sacral-Therapeutin ausbilden.

Mit ihrem zweiten Ehemann baute Eva-Maria eine Gemeinschaftspraxis auf, wo psychosoziale und mediale Prozessbegleitung im Vordergrund stehen. Ihre dabei gewonnen Einblicke konnte die analytisch und empathisch begabte Erstautorin verständig und greifbar zu Papier bringen. Ihre Freizeit verbringt sie gerne in der Natur und mit der Lektüre spiritueller und weltlicher Texte. Sie liebt klassische Musik und zur Entspannung das Kartenspiel.

novum VERLAG FÜR NEUAUTOREN

Der Verlag

*Wer aufhört
besser zu werden,
hat aufgehört
gut zu sein!*

Basierend auf diesem Motto ist es dem novum Verlag ein Anliegen neue Manuskripte aufzuspüren, zu veröffentlichen und deren Autoren langfristig zu fördern. Mittlerweile gilt der 1997 gegründete und mehrfach prämierte Verlag als Spezialist für Neuautoren in Deutschland, Österreich und der Schweiz.

Für jedes neue Manuskript wird innerhalb weniger Wochen eine kostenfreie, unverbindliche Lektorats-Prüfung erstellt.

Weitere Informationen zum Verlag und seinen Büchern finden Sie im Internet unter:

www.novumverlag.com

novum VERLAG FÜR NEUAUTOREN

Bewerten Sie dieses Buch auf unserer Homepage!

www.novumverlag.com